A argumentação em textos escritos
A criança e a escola

COLEÇÃO ENSINO DA LÍNGUA PORTUGUESA

Telma Ferraz Leal
Artur Gomes de Morais

A argumentação em textos escritos
A criança e a escola

 autêntica

Copyright © 2006 Os autores
Copyright © 2006 Autêntica Editora

Todos os direitos reservados pela Autêntica Editora. Nenhuma parte desta publicação poderá ser reproduzida, seja por meios mecânicos, eletrônicos, seja via cópia xerográfica, sem a autorização prévia da Editora.

EDITORA RESPONSÁVEL
Rejane Dias

REVISÃO
Tucha

CAPA E PROJETO GRÁFICO
Victor Bittow
(sobre imagem de fotógrafo desconhecido)

DIAGRAMAÇÃO
Waldênia Alvarenga

	Leal, Telma Ferraz
L435a	A argumentação em textos escritos: a criança e a escola / Telma Ferraz Leal, Artur Gomes de Morais . – 1. ed.; 1. reimp. – Belo Horizonte : Autêntica, 2015.
	244 p.
	ISBN 978-85-7526-196-5
	1.Educação. 2.Métodos e processos de ensino. I.Morais, Artur Gomes de. II.Título.
	CDU 371.3

Ficha catalográfica elaborada por Rinaldo de Moura Faria – CRB6-1006

CEEL
Avenida Acadêmico Hélio Ramos, s/n. Cidade Universitária.
Recife – Pernambuco – CEP 50670-901
Centro de Educação – Sala 100.
Tel. (81) 2126-8921

GRUPO AUTÊNTICA

Belo Horizonte
Rua Aimorés, 981, 8º andar
Funcionários . 30140-071
Belo Horizonte . MG
Tel.: (55 31) 3214 5700

Televendas: 0800 283 13 22
www.grupoautentica.com.br

Rio de Janeiro
Rua Debret, 23, sala 401
Centro . 20030-080
Rio de Janeiro . RJ
Tel.: (55 21) 3179 1975

São Paulo
Av. Paulista, 2.073,
Conjunto Nacional, Horsa I
23º andar . Conj. 2301 .
Cerqueira César . 01311-940
São Paulo . SP
Tel.: (55 11) 3034 4468

Sumário

7	Introdução
11	Argumentação: ponto de partida
29	As crianças são capazes de escrever textos de opinião?
65	Que tipos de intervenção didática ajudam a desenvolver estratégias argumentativas?
99	Como avaliar os textos produzidos pelos alunos quando pedimos que eles escrevam textos de opinião?
141	Voltando ao assunto... A prática pedagógica do professor influencia os modelos textuais que os alunos produzem?
169	Como orientamos as atividades escritas dos alunos? Será que eles sabem o que queremos?
189	As marcas do contexto escolar nos textos dos alunos
233	Final de conversa! Por enquanto...

Introdução

O ensino da Língua Portuguesa vem passando por mudanças substanciais que são reflexos dos debates a respeito do que é a linguagem e de como os interlocutores de uma dada circunstância constituem-se como sujeitos participantes desses momentos de interação. Nessa perspectiva, propõe-se que os objetivos centrais do processo pedagógico são preparar os alunos para

> dominar a língua em situações variadas, fornecendo-lhes instrumentos eficazes; desenvolver nos alunos uma relação com o comportamento discursivo consciente e voluntária, favorecendo estratégias de autorregulação; ajudá-los a construir uma representação das atividades de escrita e de fala em situações complexas, como produto de um trabalho e de uma lenta elaboração (DOLZ; SCHNEUWLY, 2004, p. 49).

Nesse sentido, é importante que sejam oferecidas condições para que as crianças entrem em contato com uma ampla diversidade de textos, em diferentes contextos de interação, para que possam ampliar as capacidades comunicativas e, assim, utilizar a língua, buscando os efeitos de sentido pretendidos. No entanto, no âmbito didático, algumas questões essenciais permanecem em aberto quando são fornecidas orientações aos professores quanto à variedade textual. É suficiente o contato com a diversidade textual em sala de aula (acesso aos variados gêneros de textos) ou torna-se necessário também um trabalho de sistematização a respeito das configurações textuais? Existe uma sequência quanto aos gêneros ou tipos de textos a serem trabalhados (e, portanto, níveis de complexidade quanto à capacidade de apreensão pela criança)? É necessário um trabalho de explicitação sobre os elementos estruturais e recursos linguísticos predominantes nos diversos gêneros textuais? Como melhor conduzir as atividades de produção de textos na escola? Essas e outras questões merecem, ainda, tratamento científico que oriente o educador hoje.

No momento, busca-se, com este trabalho, abordar aspectos relacionados à produção de textos de opinião na escola. A escolha desse tema advém da posição de que argumentar é uma atividade social especialmente relevante, que permeia a vida dos indivíduos em todas as esferas da sociedade, pois a defesa de pontos de vista é fundamental para que se conquiste espaço social e autonomia.

Perelman e Olbrechts-Tyteca (1999, p. 581), a esse respeito, salientaram:

> Apenas a existência de uma argumentação, que não seja nem coerciva nem arbitrária, confere um sentido à liberdade humana, condição de exercício de uma escolha racional. Se a liberdade fosse apenas adesão necessária a uma ordem natural previamente dada, excluiria qualquer possibilidade de escolha; se o exercício da liberdade não fosse fundamentado em razões, toda escolha seria irracional e se reduziria a uma decisão arbitrária atuando num vazio intelectual. Graças à possibilidade de uma argumentação que forneça razões, mas razões não coercivas, é que é possível escapar ao dilema: adesão a uma verdade objetiva e universalmente válida, ou recurso à sugestão e à violência para fazer que se admitam suas opiniões e decisões.

Dada a importância da atividade de argumentar, diversos autores têm se debruçado sobre questões relativas aos processos de desenvolvimento das capacidades de defender pontos de vista. São comuns, no tocante a essa temática, depoimentos de educadores e resultados de estudos que apontam dificuldades na produção de textos escritos por crianças, adolescentes e adultos quando buscam argumentar.

Pode-se questionar se as dificuldades apontadas são oriundas: 1) de inabilidades nas operações cognitivas necessárias a tal atividade; 2) do maior nível de complexidade das estruturas textuais; 3) da falta de familiaridade com esses modelos de textos na escola; 4) das condições de produção de textos em que se busca argumentar; 5) da conjugação de alguns desses fatores; 6) ou de outros fatores.

Enfim, a partir de tais reflexões, optamos, nesta obra, por analisar as estratégias de argumentação adotadas por crianças de 8 a 12 anos em textos escritos na escola e os efeitos do contexto escolar de produção sobre essas estratégias. Partimos da análise de situações de sala de aula e da avaliação de textos de crianças, adotando a hipótese central de que, também no caso da argumentação presente nas produções infantis, as estratégias de escrita são orientadas pelas representações que os autores têm sobre as práticas escolares de elaboração textual e que as dificuldades são oriundas, muitas vezes, de processos didáticos inadequados, que não conduzem a práticas diversificadas de escrita.

A fim de atender a tal objetivo, iniciamos o livro apresentando alguns conceitos básicos sobre argumentação e explicitando as concepções que adotamos ao olharmos a escola e os alunos. No segundo capítulo, avaliamos textos de crianças, buscando evidenciar que elas são capazes de produzir textos argumentativos escritos desde cedo e discutindo sobre as estratégias que elas adotam para defender seus pontos de vista. No terceiro capítulo, analisamos como eram as práticas de produção de textos das professoras das crianças que escreveram os textos mostrando que os tipos de intervenção didática determinavam, de certo modo, as formas como as crianças lidavam com a tarefa. Ou seja, mostramos que algumas professoras desenvolviam atividades que ajudavam as crianças a diversificar as estratégias argumentativas. No quarto capítulo, são retomadas algumas discussões sobre a avaliação dos textos dos alunos mostrando que as diferentes estratégias discutidas no segundo capítulo são combinadas gerando diferentes formas de organizar o conteúdo. A discussão sobre a prática pedagógica de ensino de produção de textos é retomada no quinto capítulo, por meio de reflexões sobre os modelos textuais produzidos pelos alunos das diferentes turmas. Assim, são aprofundadas algumas questões anunciadas no terceiro capítulo. No sexto capítulo, são feitas discussões sobre o contexto imediato de produção de textos evidenciando que tudo o que acontece na sala de aula no momento de produção interfere na escrita dos alunos, e que, portanto, precisamos atentar para os detalhes de nosso planejamento. Por fim, no sétimo capítulo, novos textos são analisados para exercitarmos a habilidade de entender o que os alunos fazem quando lhes pedimos que escrevam textos de opinião. As marcas do contexto imediato são exploradas nesse capítulo, com uma defesa de que a reflexão sobre a situação imediata é indispensável para avaliarmos os textos dos alunos. Por fim, fechamos a obra defendendo que precisamos, sim, ensinar os alunos a escrever textos da ordem do argumentar desde o início da escolarização básica e que precisamos refletir sobre as melhores estratégias didáticas para fazer isso.

Argumentação: ponto de partida

Nosso objetivo com esta obra, como já anunciamos anteriormente, é discutir sobre as estratégias de argumentação adotadas por crianças dos anos iniciais do Ensino Fundamental em textos escritos na escola e os efeitos do contexto escolar de produção sobre essas estratégias. Temos como principal finalidade pensar sobre a intervenção didática para o ensino da produção de textos, tendo como foco central o desenvolvimento de capacidades argumentativas.

Para iniciar tal discussão, consideramos essencial demarcar os limites do debate e, para isso, explicitar nossas concepções sobre "argumentação", que é o conceito central de nossa conversa. Para melhor contextualizarmos as questões discutidas, faremos essa reflexão em dois tópicos: (1.1) O estudo da argumentação: um breve histórico; (1.2) Argumentação: as diferentes estratégias discursivas.

O estudo da argumentação: breve histórico

Os precursores das abordagens modernas sobre a argumentação são oriundos de três campos de reflexão: a Retórica, a Lógica e a Dialética. Breton (1999) situou o surgimento da argumentação enquanto saber sistemático, com o nome de Retórica, no século V a.c., na região do Mediterrâneo. No entanto, Perelman e Olbrechts-Tyteca [1958] (1999) fizeram referências a estudos sobre argumentação no século XV a.c., na Sicília Grega, quando a "Retórica" era um instrumento de defesa em julgamentos judiciais. Há, também, registros das atividades dos Sofistas, em Atenas, em exercício de preparação dos jovens para a vida política, utilizando a "Retórica" como instrumento de conquista. Entretanto, os eventos mais comuns, conforme indicaram Perelman e Olbrechts-Tyteca [1958] (1999), eram as defesas de teses em praças públicas.

Segundo Breton (1999), durante dois mil e quinhentos anos, a Retórica foi o centro de todo o ensino. Ela era uma disciplina mais especificamente textual, que tinha como função social ensinar as habilidades de falar em público de modo persuasivo. Na verdade, eram treinadas as habilidades de uso da linguagem falada, cuja finalidade era obter a adesão de um público (audiência). Assim, a concepção de língua presente entre os estudiosos da Retórica era a de que essa constituía um arsenal de estratégias discursivas para finalidades práticas. Em suma, as preocupações eram centradas em necessidades oriundas da vida cotidiana.

Foi com Aristóteles (no campo da Lógica) que se registrou um estudo mais sistemático sobre o pensamento argumentativo formal, mais deslocado dessas atividades práticas. A Lógica tinha como interesse básico analisar os princípios por meio dos quais as declarações e os argumentos pudessem ser construídos e avaliados como válidos ou inválidos, independentemente do contexto, das crenças, das atitudes ou dos objetivos dos falantes e ouvintes. Aristóteles tentava identificar argumentos-padrão ou modelos-padrão que satisfizessem as condições lógicas e pudessem ser usados universalmente, mesmo em contextos diferentes. São conhecidos os estudos de Aristóteles sobre silogismos, com esquematização dos padrões de validade (silogismos válidos e inválidos).

Assim, como afirmaram Van Eemeren, Grootendorst, Jackson e Jacobs (1997, p. 210), "Aristóteles tratou a argumentação como um meio para expor erro no pensamento e modelar o discurso em direção a um ideal racional".[1]

As sistematizações de Aristóteles sobre lógica formal têm sido usadas, até os dias atuais, com o objetivo de apreender a capacidade de raciocínio lógico em crianças e adultos. No entanto, os estudos modernos sobre argumentação muito têm se modificado desde então.

Um dos motivos que levaram às mudanças foi a busca de melhor contextualizar o uso diário que se faz da atividade argumentativa, assim como a percepção de que a argumentação é uma forma discursiva e, portanto, atrelada às situações de produção.

Destacam-se dois marcos da teoria contemporânea sobre argumentação: Toulmin (1958), com a publicação de *The uses of Argument*, e Perelman e Olbrechts-Tyteca [1958] (1999), com a publicação de *La nouvelle rhétorique: traité de L'argumentation*, todos divulgados na década de 1950.

Toulmin (1958), por meio de sua abordagem, forneceu subsídios para a realização de análises sobre a lógica usada cotidianamente, buscando enfocar não mais a lógica formal difundida nos estudos de Aristóteles, mas, sim, a lógica informal própria dos discursos naturais. Esse autor defendeu que na lógica formal, entendida como aquela em que as conclusões derivam necessariamente das premissas, a demonstração das relações entre as premissas e a conclusão é suficiente para impor uma afirmação entendida como verdadeira. Na lógica informal, de outro lado, a criação de estratégias de convencimento é imprescindível, dado que não há uma ligação necessária entre as premissas e a conclusão. Nesses casos, é preciso defender um ponto de vista em que não há uma possibilidade de operar por meio de demonstrações, e, sim, de persuasão. Em outras palavras, a argumentação é, para Toulmin (1958), uma defesa de ideias não deduzidas necessariamente das premissas, pois as conclusões não são obrigatoriamente implicadas por elas. Existe, portanto, um abismo lógico aberto que leva os falantes/escritores a argumentar em favor da probabilidade de que o ponto de vista esteja correto.

---

[1] Tradução nossa.

Mazzotti e Oliveira (1999, p. 1) referem-se à abordagem moderna do estudo da argumentação, mostrando que nessa concepção

> a necessidade de argumentar se coloca a partir do momento em que se estabelecem controvérsias sobre determinados objetos [...], as quais não podem ser resolvidas por meio de demonstrações formais que permitam chegar a soluções inequívocas, capazes de se impor a todos os seres racionais.

Perelman e Olbrechts-Tyteca [1958] (1999, p. 220) destacam, a esse respeito, que, em alguns casos, os discursos argumentativos têm formatos similares às demonstrações. No entanto, eles chamam a atenção para o fato de que

> quem os submete à análise logo percebe as diferenças entre essas argumentações e as demonstrações formais, pois apenas um esforço de redução ou de precisão, de natureza não formal, permite dar a tais argumentos uma aparência demonstrativa; é por essa razão que os qualificamos de quase lógicos.

Assim, Toulmin (1958) distinguiu a argumentação formal da argumentação informal dizendo que na perspectiva da lógica formal os elementos da argumentação são basicamente as premissas e a conclusão. No entanto, na lógica informal, os elementos constituintes se ampliam, pois a justificação torna-se uma operação necessária. Segundo Toulmin (1958), existem dois tipos básicos de discurso argumentativo: a argumentação simples, que é composta de ponto de vista (*claim*), dados (*data*) e justificativa (*warrant*); e a argumentação complexa, que tem, ainda, a justificação da justificação (*baking*), a modalização (*qualifier*) e a contra-argumentação (*rebuttal*).

Em suma, o discurso argumentativo, tal como foi proposto por Perelman e Olbrechts-Tyteca [1958] (1999) e Toulmin (1958), consistiria em um espaço em que se busca um efeito imediato sobre a audiência, ou seja, a de levá-la a concordar com nossos pontos de vista. Assim, nessa concepção, é fundamental que o orador tenha uma imagem adequada do auditório (audiência). Perelman e Olbrechts-Tyteca [1958] (1999, p. 33) salientam que é:

[...] a natureza do auditório ao qual alguns argumentos podem ser submetidos com sucesso que determina em ampla medida tanto o aspecto que assumirão as argumentações quanto o caráter, o alcance que lhes serão atribuídos.

Dessa forma, Perelman e Olbrechts-Tyteca [1958] (1999, p. 22) fizeram uma distinção entre "auditório particular" e "auditório universal". No discurso dirigido a um auditório particular, haveria, segundo esses autores, uma preocupação em reconhecer os pontos de partida e as premissas aceitas pelos interlocutores, pois, nesse ponto de vista, "uma argumentação considerada persuasiva pode vir a ter um efeito revulsivo sobre um auditório para o qual as razões pró são, de fato, razões contra".

Tais autores (Perelman, Olbrechts-Tyteca e Toulmin) defendiam, assim, que a busca pela adesão da audiência às ideias propostas faz-se mediante o estabelecimento inicial de acordos (concordância acerca das premissas), sem os quais se torna impossível qualquer argumentação. Porém, esses autores atentaram que essa busca de adesão de um auditório particular pode trazer problemas para a extensão do discurso a outros auditórios. Ou seja, como salientaram Perelman e Olbrechts-Tyteca [1958] (1999, p. 34), o orador, "na medida em que se adapta ao modo de ver de seus ouvintes, arrisca-se a se apoiar em teses que são estranhas, ou mesmo francamente opostas, ao que admitem outras pessoas que não aquelas a que, naquele momento, ele se dirige".

Eles propuseram, então, a existência de um "auditório universal". Esse seria constituído "pela humanidade inteira, ou pelo menos por todos os homens adultos e normais" (p. 34). Tal conceito decorre da ideia de que, ao lidar com um auditório heterogêneo, o orador deve convencer a respeito "do caráter coercivo das razões fornecidas, de sua evidência, de sua validade intemporal e absoluta, independente das contingências locais ou históricas" (p. 35).

Tal posição encontra suporte na ideia de que

> [...] esse auditório, tal como uma assembleia parlamentar, deverá reagrupar-se em um todo para tomar uma decisão, e

nada mais fácil para o adversário, do que voltar contra o seu predecessor imprudente todos os argumentos por ele usados com relação às diversas partes do auditório, seja opondo-os uns aos outros para mostrar a incompatibilidade deles, seja apresentando-os àqueles a quem não eram destinados. Daí a fraqueza relativa dos argumentos que só são aceitos por auditórios particulares e o valor conferido às opiniões que desfrutam uma aprovação unânime, especialmente da parte de pessoas ou de grupos que se entendem em muito poucas coisas (PERELMAN; OLBRECHTS-TYTECA, [1958], 1999, pp. 34-35).

Em suma, tal postura poderia ser reconhecida como uma estratégia para lidar com grandes auditórios ou com ouvintes/leitores sobre os quais temos uma imagem pouco precisa.

As reflexões postas pelos autores sobre o papel da audiência na construção da argumentação mostram a ênfase dada a esse elemento do contexto de produção. É, no entanto, na ideia de que existe um auditório universal que recai o maior perigo de se "naturalizar" o fenômeno da interação e, consequentemente, do processo de argumentação. É fundamental reconhecer que, apesar da tentativa de construção de argumentos que possam causar efeitos em plateias heterogêneas, há, na construção do discurso, influências do contexto de produção desse discurso e que, no dia a dia, são mais frequentes as situações em que nos dirigimos a auditórios particulares. Tal motivo nos leva à necessidade de entender mais profundamente a produção de argumentos nas diferentes situações de interação, o que remete mais diretamente ao estudo da linguagem e da produção do discurso.

Por essa razão, as perspectivas mais dialéticas da argumentação têm se aproximado das abordagens pragmáticas da linguagem, pois a contextualização passa a ser essencial para a análise da eficácia argumentativa. Considerando tais posições, podemos entender os pressupostos de Van Eemeren, Grootendorst, Jackson e Jacobs (1997) que caracterizam a argumentação como uma forma discursiva e buscam em autores da Análise do Discurso subsídios para entender os fenômenos cotidianos.

Esses autores destacam que "a abordagem dialética da argumentação tende a ser acompanhada por um interesse nos argumentos reais como aparecem no ir e vir das controvérsias reais".[2] (p. 215). Assim, esses estudos sobre discurso apontam as características das situações de interação entre as condições de produção de um texto. Concebem, então, que a emergência do discurso argumentativo é marcada pela necessidade de tomada de posição e de justificação dessa posição.

Nessa perspectiva, considera-se que é preciso que exista um tema passível de debate, ou seja, passível de questionamento; uma ideia a ser defendida (proposição; declaração; tese); proposições que justifiquem e/ou refutem a declaração (através de evidências, justificativas, contra-argumentações); um antagonista (alguém que duvide da afirmação, contradizendo-a ou apresentando resistências), que pode ser uma pessoa ou um grupo de pessoas (reais ou virtuais).

Van Eemeren, Grootendorst, Jackson e Jacobs (1997, p. 208) defendem que "na argumentação, usa-se a linguagem para justificar ou refutar um ponto de vista, com o propósito de assegurar concordância de visões".[3] O discurso argumentativo é, nesse modelo de pensamento, sempre dialógico, pois é constante a presença de um interlocutor.

A partir desse princípio básico, surgem muitos autores que buscam analisar a organização desse tipo de discurso e estabelecer padrões ou explicitar seus elementos constituintes.

Golder e Coirier (1994), que partilham o modelo proposto por Toulmin (1958), dão especial destaque ao papel da contra-argumentação na construção do "texto argumentativo".[4] Eles apontam a contra-argumentação como constituinte do "texto argumentativo", mesmo quando se busca defender um ponto de vista sem opositor presente. É a representação do interlocutor (mesmo que virtual) que possibilitaria a elaboração de contra-argumentos a possíveis objeções que possam vir a aparecer em relação à proposição defendida.

---

[2] Tradução nossa.

[3] Tradução nossa.

[4] Os autores denominam "textos argumentativos" aqueles em que o autor busca defender pontos de vista. Embora não apresentem uma discussão sobre o conceito, fica implícito que estão se referindo aos textos em que a sequência discursiva predominante é a sequência argumentativa.

Dessa forma, para que a defesa dos pontos de vista fosse eficiente, seria necessário que o autor apresentasse alguns elementos básicos constituintes do "texto argumentativo": ponto de vista (afirmação ou tese), justificativas, contra-argumentos e respostas.

Reafirmando tal concepção, Coirier (1996), em um artigo em que sugere algumas implicações didáticas dos seus estudos, propõe que a tarefa global de escrita do "texto argumentativo" seja dividida em subtarefas que podem constar de atividades tais como: selecionar argumentos para o ponto de vista a ser defendido; selecionar as possíveis objeções que possam surgir; selecionar os contra-argumentos; ordenar os argumentos e subargumentos, buscando explicitar as relações entre eles; produzir o texto, utilizando os marcadores de conexão; revisar o texto, reescrevendo-o, entre outras atividades. Assim, estamos diante de uma prescrição sobre tais espécies de texto. Nessa visão, o "texto argumentativo" precisaria ter ponto de vista, justificativa e contra-argumentos.

Outro autor que também parece propor uma prescrição do que é um bom texto argumentativo é Garcia (1981). Ele apresenta um plano-padrão para orientar a produção de textos argumentativos. O plano da argumentação formal se constituiria, para o autor, de quatro partes:

1) proposição (ponto de vista);
2) análise da proposição;
3) formulação de argumentos;
4) conclusão.

Garcia sugere, ainda, que, quando o autor pretender contestar algum ponto de vista explicitamente, o plano contenha os seguintes estágios:

1) proposição a ser refutada;
2) concordância parcial;
3) contestação ou refutação; e
4) conclusão.

Oostdam, Glopper e Eiting (1994) também apresentam alguns "conselhos" que "poderiam auxiliar o ensino da produção desse tipo de texto":

1) estabeleça um ponto de vista principal explícito;

2) gere argumentos favoráveis e desfavoráveis ao ponto de vista e refute os desfavoráveis (podem ser feitas listas que orientem a produção do texto);

3) avalie a relação entre o ponto de vista principal e os argumentos gerados à luz da objetividade textual e da audiência;

4) analise as relações intrínsecas entre os argumentos selecionados e determine o argumento principal e os subargumentos;

5) estabeleça conexões entre o ponto de vista e os argumentos, usando marcadores (expressões, conectivos, pontuação...);

6) faça com que as diferentes fases da argumentação sejam organizadas na estrutura do texto.

Percebe-se, pois, que é reincidente, nas formulações dos autores dedicados ao estudo da argumentação, essa presença de sugestões didáticas voltadas para a construção de "textos argumentativos". Tais conselhos, como pode ser observado acima, seriam orientadores sobre a estrutura de texto que deveria ser ensinada na escola.

No entanto, quando passamos a considerar as situações de interação mediadas pelo texto, tendemos a perceber que os modelos de "textos argumentativos" propostos pelos diferentes autores citados são idealizações, formulações em abstrato, que não correspondem a gêneros textuais[5] reais. Fala-se em "textos argumentativos" como se existissem, nas práticas sociais, modelos únicos que satisfizessem às diferentes condições com as quais se deparam os indivíduos na sociedade. Apesar da explicitação do princípio básico de que a argumentação emerge nas situações em que há diferentes pontos de vista e que o indivíduo busca assegurar concordância de visões, considerando os seus ouvintes/leitores, são propostos "protótipos" de textos "universais". Não há, entre

---

[5] "Gêneros textuais são formas relativamente estáveis tomadas pelos enunciados em situações habituais, entidades culturais intermediárias que permitem estabilizar os elementos formais e rituais das práticas de linguagem." (SCHNEWULY; DOLZ, 1999, p. 7), tais como as cartas, as notícias, as histórias em quadrinhos...

os autores citados, ênfase nas estratégias que os indivíduos adotam para satisfazer as condições do contexto de produção. Em suma, as características das situações de produção e dos interlocutores não são, de fato, abordadas.

Faz-se necessário, então, refletir mais sobre as situações em que a argumentação emerge e as diferentes estratégias que os indivíduos adotam para defender pontos de vista nessas diversas circunstâncias.

Argumentação: as diferentes estratégias discursivas

Diante das questões acima levantadas, poderíamos nos perguntar o que seria, então, um "texto argumentativo".

Koch (1987, p. 19) salienta que "o ato de argumentar, isto é, de orientar o discurso no sentido de determinadas conclusões, constitui o ato linguístico fundamental, pois a todo e qualquer discurso subjaz uma ideologia, na acepção mais ampla do termo".

Esta também é a ideia de Ducrot (1980), quando supõe que a argumentação é a essência da língua. Pécora (1999, p. 88) partilha essa posição concebendo a argumentação como uma "propriedade fundamental para a caracterização da linguagem como discurso". Assim, ele afirma que "para a teoria do discurso a argumentação não representa um privilégio desse tipo particular de discurso: qualquer uso de linguagem, desde que efetive um vínculo intersubjetivo, desde que se possa reconhecer nele um efeito de sentido, constitui uma argumentação".

Nessa perspectiva, todo texto teria uma base argumentativa. Subjacente a tal postulado está a ideia de que a linguagem não é neutra e que usamos os recursos linguísticos para apresentar e defender nossas concepções sobre o mundo e sobre a vida.

Mesmo concordando com as premissas gerais de que a argumentação é uma propriedade geral do discurso e reconhecendo que em todo texto existe uma intenção de provocar no leitor algum efeito, e que, portanto, tem uma intenção persuasiva, acreditamos que existem alguns textos que apresentam de forma mais explícita o objetivo de defender ideias.

Dolz e Schneuwly (1996), considerando os contextos de uso, as finalidades e os tipos textuais dominantes, classificam os gêneros textuais em cinco agrupamentos: ordem do relatar, ordem do narrar, ordem do expor, ordem do descrever ações, ordem do argumentar. Dentre os gêneros da ordem do argumentar, são citados: textos de opinião, diálogos argumentativos, cartas ao leitor, cartas de reclamação, cartas de solicitação, debates, editoriais, requerimentos, ensaios, resenhas críticas, artigos de opinião, monografias, dissertações.

Concebendo a argumentação como uma atividade discursiva e considerando que existem alguns gêneros textuais que se caracterizam pela presença mais marcante de estratégias para argumentar, torna-se fundamental refletir sobre os contextos em que tais gêneros emergem.

O primeiro aspecto a ser abordado refere-se ao fato de que se a argumentação emerge em situações em que existem controvérsias (ideias passíveis de refutação), então, o confronto entre pontos de vista elucidados por diferentes vozes[6] no discurso é inevitável. São as estratégias para lidar com essas diferentes vozes e para responder aos diferentes interlocutores que surgem como tema de estudo quando se pretende assumir a argumentação como uma atividade discursiva.

Banks-Leite (1996) cita três operações para o desenvolvimento das estratégias de argumentação: sustentação (apresentação de dados que apoiam as afirmações); construção e interpretação do referente (apresentação dos objetos e conceitos sobre os quais se reflete); e operações de implicação do locutor (definição das posições do autor e do locutor sobre o objeto em discussão).

Com essa mesma preocupação, Blair e Johnson (1987) afirmam que as premissas para a conclusão devem satisfazer a três critérios: relevância, suficiência e aceitabilidade. No critério de aceitabilidade, reside a seguinte questão: "Há evidências suficientes para aceitação da justificativa?". Pode-se conceber que, no tocante a esse aspecto,

---

[6] Podemos considerar que vozes são as "entidades que assumem (ou às quais são atribuídas) a responsabilidade do que é enunciado" (BRONCKART, 1999; p. 326.) O expositor ou narrador pode, nessa perspectiva, ser entendido como instância geral de enunciação, ou uma voz que articula todas as outras vozes no texto.

as representações sobre os interlocutores são levadas em conta para que se busque apresentar evidências ou não de que as premissas são verdadeiras. Caso o redator considere que os interlocutores aceitam a justificativa como verdadeira, ele pode não apresentar mais evidências por considerar desnecessário. Mas, se há dúvidas sobre a aceitação das justificativas, passa-se a mostrar ao interlocutor evidências de que o que dizemos é verdade. O mesmo se dá no caso das refutações às possíveis restrições do interlocutor. As evidências a favor de tais restrições podem ser mais ou menos explícitas, dependendo do que o redator considere e da sua capacidade de elaborar representações adequadas sobre tais interlocutores.

A relevância refere-se à natureza da relação entre o ponto de vista defendido e a justificativa apresentada. Ou seja: "O que se diz para argumentar a favor do ponto de vista é realmente importante para que se aceite a posição proposta"? Nesse caso, podemos supor que, no caso do texto escrito, se o escritor considerar que as relações entre o ponto de vista e as justificativas são óbvias para o interlocutor, não seria necessário explicitar tais relações, mas, caso haja dúvida sobre se o interlocutor considerará que a justificativa é relevante para o propósito, o escritor poderá sentir necessidade de justificar a justificativa, explicitando os elos entre o ponto de vista e a justificativa.

Outro critério, o da suficiência, está intrinsecamente ligado ao segundo, ou seja, refere-se à avaliação sobre a força da justificativa. Nesse caso, podemos nos perguntar se as justificativas apresentadas são suficientes para a defesa do ponto de vista. Em alguns casos, para defender um ponto de vista, apresentamos uma justificativa suficientemente forte que torna irrelevantes as restrições que possam ser apresentadas. Em outros casos, torna-se necessário argumentar por meio de diferentes vias, de forma a que as restrições, mesmo não sendo completamente refutadas, não sejam mais importantes que as justificativas apresentadas.

Em suma, defendemos que são as representações sobre os interlocutores e sobre a situação de interação que ajudam a encontrar estratégias eficazes para os efeitos pretendidos com a atividade de argumentação.

Breton (1999) também salienta que o primeiro passo para persuadir um interlocutor seria estabelecer um acordo inicial a respeito das premissas sobre as quais a argumentação será construída e um segundo movimento seria o de vincular tais acordos (premissas) ao ponto de vista defendido. A citação a seguir explicita tal preocupação.

> A modificação do contexto de recepção se realiza, como já dissemos, em duas etapas. Observaremos que estas duas operações são ao mesmo tempo indispensáveis uma à outra e obrigatoriamente sucessivas: primeiro se enquadra, em seguida se liga. A primeira etapa visa construir um real comum ao orador e ao auditório. Nesta comunhão o segundo tempo da argumentação se apoiará para construir um vínculo entre este acordo e a opinião proposta (BRETON, 1999; p. 67).

Ampliando tal discussão, Bronckart (1999, p. 226) explicita:

> [...] o raciocínio argumentativo implica, em primeiro lugar, a existência de uma tese, supostamente admitida, a respeito de um dado tema [...]. Sobre o pano de fundo dessa tese anterior, são então postos dados novos [...], que são objeto de um processo de inferência [...], que orienta para uma conclusão ou nova tese [...]. No quadro do processo de inferência, esse movimento pode ser apoiado por algumas justificações ou suportes [...], mas pode também ser moderado ou freado por restrições [...]. É do peso respectivo dos suportes e das restrições que depende a força da conclusão.

Esse autor aponta que, a partir desse raciocínio argumentativo, diferentes modelos de textos podem surgir e que nem todos os dados e premissas aparecem explicitamente no discurso. O processo de inferência ganha lugar de destaque nessa abordagem. Assume-se, portanto, a ideia de que na relação entre falante/escritor e ouvinte/leitor é que a argumentação é construída. A atividade do leitor/ouvinte de um texto, por exemplo, inclui a recuperação do "não dito" que está posto no contexto de interlocução.

Dentre os diferentes modelos de textos, são citados aqueles em que, quando justificam um ponto de vista, os redatores (ou falantes) fortalecem a justificativa inicial apresentando a justificação da justificação. Nessa abordagem, a justificação da justificação pode desempenhar o papel de garantir a aceitabilidade da justificativa ou a relevância dela para o ponto de vista defendido. Assim, conforme já discutimos, pode-se considerar que, diante de um interlocutor, pode-se considerar necessário convencer sobre a justificativa ou explicitar as relações entre o ponto de vista e tal justificativa. Pode-se, assim, concluir que essa necessidade seja oriunda do reconhecimento da possibilidade da não aceitação da justificativa apresentada, o que poderia gerar um contra-argumento. Nesses casos, a presença do "outro" (interlocutor) indica a necessidade de justificação e de justificação da justificação.

Em um outro modelo de texto são encontradas estratégias em que o próprio redator (ou falante) antecipa no texto as objeções (ou restrições) que possam surgir ao ponto de vista defendido, construindo a contra-argumentação. O contra-argumento, nessa perspectiva, não pode ser concebido apenas como elemento falseador de uma afirmação, mas sim, conforme propõem Leitão e Almeida (2000, p. 8), como:

> quaisquer ideias que potencialmente reduzam a possibilidade de aceitação de um ponto de vista. Estes enunciados consistem tipicamente em ideias que poderiam dar sustentação a uma posição contrária à do proponente (demonstram que posições alternativas são defensáveis), dúvidas quanto à veracidade de ideias com as quais o proponente justifica sua posição (questionam a aceitabilidade das premissas de um argumento), ou dúvidas quanto à relevância de uma ideia em relação ao ponto de vista que esta supostamente justifica.

Nesses casos, diferentes formas de lidar com essas vozes presentes no texto podem ser encontradas. O redator pode explicitamente apresentar as restrições e refutá-las, retomando o seu ponto de vista; ou ele pode deixar implícita a objeção e já apresentar a contra-argumentação à restrição. Nesses dois casos, a contra-argumentação é uma forma de negociar a favor do que se defende.

Há ainda a estratégia de não apresentar de início o ponto de vista que se quer defender. O ponto de vista explicitado pode ser enfraquecido por restrições de diferentes vozes encontradas no texto e o redator, em lugar de refutar tais restrições, refaz a tese defendida, conduzindo o leitor no processo de negociação.

Haveria, então, diferentes modelos textuais construídos a partir das condições de interação e dos interlocutores envolvidos. Reconhecer os conhecimentos partilhados seria fator preponderante para a construção do modelo textual.

Também em relação aos diferentes graus de explicitude dos argumentos, Citelli (2000) salienta que, no processo de argumentação, opta-se algumas vezes por apresentar argumentos visíveis e assume-se explicitamente o ponto de vista. Outras vezes, adota-se mecanismos mais mascarados para conduzir a audiência.

Citelli (2000) distingue, em relação a tal questão, três tipos básicos de raciocínio discursivo: apodítico, dialético e retórico. No raciocínio apodítico, "a argumentação é realizada com tal grau de fechamento que não resta ao receptor qualquer dúvida quanto à verdade do emissor" (p. 18), ou seja, não há negociação. O raciocínio dialético caracteriza-se por uma apresentação de uma conclusão. No entanto, "o modo de formular as hipóteses acaba por indicar a conclusão mais aceitável. É um jogo de sutilezas que consiste em fazer parecer ao receptor existir uma abertura no interior do discurso" (p. 19). O raciocínio retórico é similar ao dialético, no entanto a natureza dos argumentos é emotiva.

Dependendo da situação de interação, conforme discutimos anteriormente, pode-se lançar mão das diferentes formas de argumentação. Obviamente, os papéis sociais dos interlocutores e as características pessoais deles interferem na possibilidade de eficácia para um ou outro tipo de argumentação. Por exemplo, pode-se avaliar que o interlocutor, dado o seu *status* e posição social, ficaria resistente em dada situação a um ponto de vista explícito. O falante (ou escritor), então, poderia lançar mão de um raciocínio mais dialético.

Neste estudo, defendemos que as decisões sobre a estrutura do texto são tomadas pelo redator em razão de como a situação é representada e da capacidade ou não do autor do texto de antecipar a necessidade de explicitação. Se o autor julgar que é necessário apresentar uma argumentação com argumentos e contra-argumentos, ele empreenderá esforços para tal. Caso ele julgue que é mais adequado apresentar apenas justificativas a favor do ponto de vista defendido, ele o fará. Da mesma forma, ele adotará mecanismos mais explícitos de defesa de seus pontos de vista ou deixará alguns pressupostos e pontos de vista implícitos para que o próprio ouvinte/leitor possa fazer suas inferências.

Muitas características da situação de interação, com certeza, interferem em tais decisões. Dentre tais fatores, podemos citar as representações do redator a respeito das opiniões dos possíveis leitores; as representações sobre as expectativas dos leitores com relação às suas próprias posições; a complexidade do tema; os conhecimentos prévios sobre ele; os conhecimentos sobre o gênero textual a ser construído (e, consequentemente, as representações sobre as expectativas dos leitores sobre a organização textual); dentre outros fatores.

Em relação a este último fator, podemos considerar que as esferas sociais de circulação dos textos impõem modelos textuais a serem produzidos e tais modelos são valorizados pela comunidade participante dessas esferas. O tamanho do texto, a organização sequencial, o vocabulário, assim como a própria estrutura textual são determinados, de certa forma, pela comunidade de usuários dos gêneros textuais e, por isso, eles são historicamente mutáveis.

Concebemos, também, que não há um "modelo universal" de "texto argumentativo", mas que os contextos de produção criam práticas de linguagem que historicamente conduzem a modelos "mais estáveis" de textos, que são os gêneros textuais.

Em suma, defendemos que as estratégias de argumentação orientam a organização da estrutura textual e que são as situações de produção que guiam o redator no momento das decisões. Logo, consideramos que as configurações que os textos assumem dependem dessas decisões dos indivíduos.

De outro lado, deve-se considerar que as experiências prévias do falante/escritor com situações em que tais gêneros circulam e com as atividades de escrita, no caso dos gêneros escritos, são também determinantes da configuração que o texto assume.

Nessa perspectiva, torna-se imprescindível compreender, de forma mais aprofundada, as diferentes esferas de circulação dos textos e as especificidades do discurso nessas diferentes esferas: discurso produzido na imprensa, discurso científico, discurso escolar, discurso familiar...

Nesta obra, enfocamos a produção de argumentos em textos escritos no ambiente escolar. Tal escolha deveu-se ao fato de que é na escola que as crianças se apropriam da escrita e é nesse ambiente que elas mais produzem textos escritos. Assim, consideramos que as estratégias de produção de textos escritos utilizadas em outras situações são impregnadas pelas representações e expectativas criadas no contexto escolar.

As crianças são capazes de escrever textos de opinião?

Conforme discutimos na introdução desta obra, consideramos fundamental, para planejarmos boas situações didáticas, saber o que nossos alunos já sabem a respeito do que queremos ensinar e ter consciência do que nossos alunos são capazes e o que, para eles, é muito difícil.

Em relação ao ensino de produção de textos, precisamos conhecer as experiências que os alunos acumularam a respeito das diferentes espécies textuais. Tomando como foco o nosso tema de discussão nesta obra, a argumentação em textos escritos, concebemos que é indispensável refletir sobre as potencialidades que nossos alunos têm para escrever textos atendendo a finalidades da ordem do argumentar.

Para discutir tal tema, apresentamos um estudo em que foram analisados textos de crianças. Tais textos foram analisados tendo-se como guia as seguintes questões:

– Que estratégias as crianças usam para convencer o leitor em textos de opinião?

– As crianças apresentam claramente seus pontos de vista?

– As crianças são capazes de inserir contra-argumentos nos textos de opinião?

– Todas as premissas usadas no processo de justificação e contra-argumentação são explicitadas?

– Que outras estratégias as crianças usam para inserir as diferentes vozes no texto?

– Qual é o papel que a justificativa da justificativa desempenha no texto?

A emergência da argumentação na linguagem infantil

As crianças narram os fatos! Elas defendem ideias?

Estudos sobre a emergência da capacidade de argumentar em textos orais são escassos, diferentemente do que ocorre quanto aos estudos sobre a emergência da capacidade de produção de textos narrativos, que são abundantes. Há certa concordância quanto à ideia de que o discurso narrativo é o primeiro a se estruturar no processo de evolução da linguagem infantil.

Em relação aos textos escritos, tal tendência também pode ser observada em muitos estudos. Perera (1984), por exemplo, aponta que as crianças dominam mais precocemente a escrita de textos narrativos do que de textos que não são organizados cronologicamente, pois, segundo esse autor, a organização sequencial de um texto narrativo já auxiliaria o escritor a manter os elos necessários, enquanto os textos não cronológicos exigiriam o estabelecimento de uma organização lógica e de elos explícitos entre as partes do texto.

Quanto ao discurso oral, Bruner (1997, p. 72) defende a ideia de que existe uma predisposição inata para a organização narrativa das experiências. O autor salienta que "na comunicação humana, a narrativa é uma das formas mais ubíquas e poderosas de discurso. A estrutura narrativa é até mesmo inerente à práxis da interação social antes que atinja expressão linguística". Assim, Bruner (1997, p. 73) defende que as "proposições lógicas são mais facilmente compreendidas pela criança quando embutidas em uma história em andamento". Decorre daí a hipótese de que as narrativas "podem também servir como interpretantes precoces de proposições lógicas, antes que a criança disponha do equipamento mental para manejá-las através de cálculos lógicos posteriormente desenvolvidos" (p. 74). Todas essas colocações são ilustradas em um estudo de caso apresentado na obra, o caso de Emily, que constou de uma análise da fala dessa criança durante o período de 1 ano e meio a 3 anos de idade.

O objetivo das descrições sobre o caso de Emily era mostrar, principalmente, como a criança desenvolveu a narratividade para compreender e agir sobre o mundo. A preocupação básica era estudar a produção de significados que une o homem à cultura, em uma perspectiva de Psicologia Cultural. Bruner (1997, p. 79) concentrou suas análises na demonstração de que Emily "estava tentando extrair significado de sua vida cotidiana. Ela parecia buscar uma estrutura global capaz de envolver o que ela fizera e sentira com o que ela acreditava".

Bruner relatou que as primeiras conquistas de Emily realizaram-se em direção a um "domínio estável de formas linguísticas para obter nos seus relatos uma sequência mais linear e mais precisa do que aconteceu" (p. 80), pois a criança começou a usar, com mais segurança, as locuções temporais (então) e as locuções causais (porque). Depois, a aquisição mais importante, que ocorreu no seu segundo ano de vida, segundo Bruner, foi quanto ao uso dos advérbios de tempo (às vezes, sempre), que a ajudavam a distinguir entre os eventos usuais e incomuns nas narrativas. Em terceiro lugar, Bruner destacou aquisições que serviam para que ela introduzisse "um ponto de vista pessoal e uma avaliação em seus relatos narrativos" (p. 81). Nesse momento, a criança começou a utilizar modalizadores com duas diferentes intenções: declarações de suas próprias dúvidas (eu acho...) e estados de incerteza do mundo (talvez...).

Durante as descrições das conquistas de Emily, percebe-se claramente, embora Bruner não tenha explorado tal questão, quanto ela usava, em diversos momentos, recursos linguísticos para demonstrar seus pontos de vista e, de certa forma, justificá-los. Na realidade, muitos exemplos citados no texto mostram que trechos narrativos, explicativos e argumentativos apareciam articulados por encaixe ou fusão. Ou seja, textos heterogêneos quanto aos tipos de discurso eram compilados por Bruner nos primeiros anos de Emily sem que ele destinasse atenção a esse aspecto. Um exemplo disso é o próprio uso das locuções causais e dos modalizadores, que já foram citados acima, pois esses são recursos fundamentais para inserir explicações (locuções causais) e para empreender as negociações (modalizadores) sobre as explicações dadas. Outros exemplos aparecem nas descrições, como o uso de marcadores deônticos, como "tem que" e o tempo presente atemporal, que é bastante típico do discurso temático e que, segundo o autor, dobrou em frequência entre os 22 e os 33 meses de idade. A argumentação e a explicação, assim, podem ser identificadas em trechos citados pelo autor.

Sim, as crianças argumentam

Referências a capacidades argumentativas evidenciadas por crianças em idades bastante precoces também podem ser encontradas em outras obras, tais como em artigos produzidos por Banks-Leite (1996); Clark e Delia (1976); Eisenberg e Garvey (1981); Genish e Di Paolo (1982); Miller (1987); Orsolini (1994); Weiss e Sachs (1991). Tais autores analisaram o uso de estratégias argumentativas por crianças jovens e demonstraram que em torno de 3 ou 4 anos as crianças já interagem em situações nas quais são motivadas a convencer alguém de alguma coisa, já usam estratégias para convencer, justificam seus pontos de vista, considerando a opinião do outro.

No estudo de Eisenberg e Garvey (1981), por exemplo, foram examinadas interações linguísticas espontâneas em episódios adversativos. Os dados analisados foram coletados por Garvey, em 1974, e por Lieberman, em 1976. Garvey filmou 48 díades de crianças do mesmo sexo ou de sexos diferentes da Nursery School e Lieberman gravou 40 sessões, envolvendo duplas de crianças do mesmo sexo. Crianças de 3 a 6 anos, em díades, eram levadas para um laboratório (sala de jogos) e filmadas. Nas gravações de Garvey, elas foram levadas pelas professoras, em grupos de três e combinadas duas a duas em sessões de 15 minutos, totalizando três díades formadas por cada trio. Os procedimentos de Lieberman eram semelhantes, mas as crianças eram levadas pelas mães ou assistentes de pesquisa e cada criança participava de apenas uma sessão. No laboratório, elas podiam brincar livremente e interagir com seus pares.

Nas fitas gravadas, eram selecionados os eventos de interação em que apareciam episódios adversativos, que eram aqueles em que as situações eram iniciadas com uma oposição (conflito entre as crianças) e terminadas com a resolução ou dissipação do conflito. Foram selecionados 210 episódios, com uma média de 2,51 episódios por díade. Esses eventos eram analisados um a um.

Em primeiro lugar, podemos destacar que, segundo o exposto pelas autoras, apenas 25% dos episódios finalizaram com uma negação simples. As autoras perceberam que muitas crianças, de todas as idades, "não aceitavam um simples não como resposta. Uma justificativa ou motivo ou uma restrição é significativamente mais provável de levar ao término do episódio" (LIBERMAN, p. 166).

Dessa forma, evidenciou-se que as crianças participavam ativamente da situação, adotando diferentes estratégias para defender posições. As principais estratégias encontradas foram: 1) proposição de um acordo; 2) proposição de uma condição para que o desejo do outro seja atendido; 3) proposição de uma solução diferente da proposta pelo colega em substituição à primeira proposição do par; 4) apresentação de uma justificativa para que sua vontade seja satisfeita, dentre outras.

Essas estratégias eram mais bem-sucedidas do que as tentativas de resolução do problema pela força ou pela reafirmação simples da própria vontade. A estratégia de proposição de um acordo, por exemplo, levou ao término dos episódios em 76,7% das vezes em que ela acontecia. A proposta de uma negociação pela condicional levou ao sucesso em 52,6% dos episódios; o oferecimento de outra solução para o problema levou ao sucesso em 40,7% das vezes; e a apresentação de razões para que o desejo fosse atendido foi bem-sucedida em 34,2% das vezes em que apareceu.

Genish e Di Paolo (1982) também registraram eventos em que crianças jovens defendiam pontos de vista. Nesse estudo, foram observadas sete crianças de 3 a 5 anos, em eventos de fala espontânea em classes de pré-escola (crianças de classe média, em uma escola de pequeno porte, no Texas). Foram gravadas 20 horas de interação durante três meses. Nesse período, foram analisados 189 eventos em que ocorreram argumentações. Os eventos foram selecionados a partir dos mesmos critérios explicitados acima (EISENBERG; GARVEY, 1981), constituindo-se, portanto, em episódios adversativos.

Diferentes tipos de episódios adversativos e, consequentemente, diferentes tipos de argumentos, foram encontrados na escola: 1) argumentos sobre posse de objetos, status ou atributos (31%); 2) argumentos sobre posição, indicando discussão sobre quem/o quê é o primeiro, o melhor... (15%); 3) argumentos sobre condutas, envolvendo discussão sobre que comportamentos são considerados corretos ou apropriados na situação vivida (15%); 4) argumentos envolvendo conteúdos escolares, em que proposições referentes a determinado tema eram discutidas para se chegar a um consenso sobre a verdade delas (13%); 5) argumentos sobre quem iria desempenhar determinado papel ou função (11,5%); 6) argumentos sobre a negação de um pedido, justificando-a (11,5%); 7) argumentos para excluir indivíduos de determinadas atividades (3%).

Embora a maioria dos argumentos tenha sido classificada como simples, por não apresentarem sentenças que indicassem a resposta ao conflito (72%), os autores concluíram que as crianças agiam com intenção de controlar o comportamento dos outros e, portanto, desenvolviam estratégias de convencimento. Dos argumentos, 28% foram considerados complexos, por inserirem apelo a autoridade, proposição de acordo ou justificativa.

Outros autores também defendem que além de justificar os pontos de vista há, por parte das crianças, desenvolvimento de outras estratégias para atingir as metas pretendidas. Weiss e Sachs (1991), por exemplo, descrevem tentativas para influenciar os destinatários através de negociação de interesses já aos 5 anos (por exemplo: "Se você me der um brinquedo, eu arrumo meu quarto").

Miller (1987), Orsolini (1994) e Banks-Leite (1996) mostram, ainda, que em torno de 4/5 anos as crianças já começam a contra-argumentar. Miller (1987) traçou um perfil dos modos de argumentação usados em diferentes idades e da lógica da argumentação própria de cada estágio: estágio 0 (3 anos); estágio 1 (5 anos); estágio 2 (6-9 anos); e estágio 3 (11-14 anos). Nesse estudo, ele analisou argumentos morais de crianças e jovens que eram solicitados a resolver problemas morais e não morais. Os procedimentos constaram da solicitação de que os sujeitos discutissem histórias com dilemas morais e, na segunda fase, que discutissem sobre problemas de escala de balança. Em ambos os casos, os sujeitos tinham de chegar a uma concordância. As argumentações coletivas espontâneas foram coletadas por meio de observações em "Kindergartens" e escolas durante o período de dois meses, diariamente.

Os resultados apontaram que, aos três anos, as crianças não apresentam justificativas quando há conflito de pontos de vista. Miller (1987, p. 242) concluiu que[1] "nessa idade, as crianças não são capazes de justificar mutuamente julgamentos que se excluem".

Aos 5 anos, há, nos casos estudados, situações conflitivas com argumentos. No caso de haver pontos de vista opostos, as crianças, segundo apontado nesse estudo, são capazes de rejeitar o ponto de vista oposto. Elas, no entanto, não distinguem claramente os argumentos mais sustentáveis e mais relevantes. No estágio 2 (6 a 9 anos), as crianças já são capazes de perceber os argumentos mais sustentáveis e relevantes, e no último estágio (11-14 anos) são capazes de construir hierarquia de argumentos.

Em suma, muitos autores defendem que as crianças jovens são capazes de argumentar na linguagem oral. No entanto, outros pesquisadores defendem que mesmo argumentando oralmente, as crianças têm dificuldades na produção escrita (DE BERNARDI; ANTOLINI, 1996; GOLDER; COIRIER, 1996). Ou seja, se, de um lado, há certa

---

[1] Nesses estudos, os autores denominam "textos argumentativos" quaisquer textos em que o indivíduo defende um ponto de vista em um texto do tipo argumentativo (predominantemente). Não há discussão sobre os diferentes gêneros em que o tipo predominante é argumentativo.

concordância quanto à possibilidade de crianças jovens argumentarem oralmente, em relação à modalidade escrita, de outro, há resultados de estudos divergentes. É sobre tal questão que trataremos no tópico a seguir.

A argumentação em textos escritos por crianças

Argumentar no texto escrito é difícil?

Muitos estudos vêm orientando os pesquisadores a uma concepção de que existem dificuldades específicas na produção de "textos argumentativos[2]". Esses teóricos apontam que mesmo adolescentes e adultos escolarizados falham na construção de textos em que defendem pontos de vista (OOSTDAN, GLOPPER; EITING, 1994; PIÉRAUT-LE BONNIEC; VALETTE, 1991; PLATÃO; FIORIN, 1990; e PÉCORA, 1999).

Platão e Fiorin (1990, p. 201), tomando por base estudos elaborados por pesquisadores "que, em teses universitárias, se ocuparam desse tema, analisando redações dos candidatos ao curso superior, elaboradas nos exames vestibulares" apontam alguns "defeitos" em textos de adolescentes: emprego de noções confusas, utilização de conceitos e afirmações genéricos, uso de conceitos que se contradizem entre si, instauração de falsos pressupostos, generalização indevida na conclusão, distância entre o fato narrado e a conclusão, conclusões inadequadas às evidências, dados de realidade incorretos.

Pécora (1999), analisando 1.500 textos de vestibulandos (CESCEN – 1976) e de estudantes universitários do curso "Prática de Produção de Textos" (1º e 2º semestres de 1978 a 1980 – ciclo básico do IEL – UNICAMP), produzidos a partir de diferentes comandos, também aponta algumas dessas dificuldades reincidentes no que se refere à consistência argumentativa: uso de noções confusas (vácuo semântico); uso de noções de totalidade indeterminada e noções semiformalizadas (conceitos genéricos, afirmações vagas); uso de expressões comuns ("reconhecimento de uma linguagem já produzida e cujo sentido se esgota nesse reconhecimento"). (PÉCORA, 1999, p. 105.)

Oostdam, Glopper e Eiting (1994) reiteram a ideia de que as dificuldades de produção de "textos argumentativos" são identificadas em adolescentes de idades mais avançadas. Participaram desse estudo adolescentes de 15 a 17 anos, que estavam concluindo diferentes graus de escolaridade, em escolas holandesas.

Os adolescentes foram avaliados em quatro tarefas básicas: seleção de argumentos (eram apresentadas 16 sentenças para que fossem escolhidas as que poderiam ser usadas para argumentar determinado ponto de vista); ordenação de argumentos (os sujeitos precisavam organizar 16 sentenças dadas que justificavam determinado ponto de vista); introdução de conexões (os sujeitos precisavam transformar uma série de sentenças com ponto de vista e argumentos num texto bem escrito); e produção de texto argumentativo para defender um ponto de vista sobre um problema dado.

No caso dessa última tarefa, que nos interessa mais diretamente, a instrução dada era de que eles deveriam defender o ponto de vista sobre a seguinte questão: "Uniformes escolares devem ser obrigatórios"? Algumas orientações adicionais foram dadas, tais como o tamanho do texto (uma página); a necessidade de um título; e a recomendação de que "o ponto de vista deve ser bem argumentado para convencer o leitor". No entanto, não houve explicitação sobre quem seria esse leitor ou sobre o motivo pelo qual ele deveria ser convencido.

Os autores identificaram algumas dificuldades. A primeira foi quanto à capacidade de apresentar o ponto de vista explicitamente. Os autores mostram que, em alguns textos, os pontos de vista estavam implícitos e em outros, eram contraditórios. No final do artigo, os autores apresentam alguns "conselhos" para melhorar as capacidades de construir "textos argumentativos". Dentre tais conselhos, um deles se refere a esse item: "tome um ponto de vista explícito, pró ou contra, e indique claramente a opinião que a ele se relaciona." (p. 140).

No tocante a tal questão, retomamos as discussões postas no Capítulo 2, em que salientamos a importância dos processos inferenciais na construção da coerência textual. Os pressupostos e subentendidos, em uma concepção de linguagem como ação social, fazem parte dos fenômenos discursivos e os significados são sempre construídos na relação entre interlocutores. Os conhecimentos prévios, assim, constituem o texto tanto quanto as informações explicitamente inseridas pelo escritor. Uma das capacidades a ser construída é, portanto, a de calcular quais conhecimentos precisam ser explicitados em razão das representações sobre o destinatário e sobre a situação de interação.

Outra dificuldade relacionada pelos autores foi que cerca de 15% dos alunos produziram menos de dois argumentos. Mais uma vez, podemos discutir tal questão levando em consideração as concepções sobre texto e sobre o contexto de produção. Conforme discutimos no Capítulo 1, um dos critérios para avaliar a eficácia de uma argumentação é o da suficiência, que se refere à força da justificativa. Nesse caso, podemos nos perguntar se as justificativas apresentadas são suficientes para a defesa do ponto de vista. Em alguns casos, para defender um ponto de vista, apresentamos uma justificativa suficientemente forte que torna irrelevantes as restrições que possam ser apresentadas. Em outros casos, torna-se necessário argumentar por meio de diferentes vias, de forma a que as restrições, mesmo não sendo completamente refutadas, não sejam mais importantes que as justificativas apresentadas. Assim, a força argumentativa não pode ser avaliada apenas pela quantidade das justificativas, pois algumas podem ser suficientemente fortes para garantir a adesão do interlocutor. De outro lado, a situação de interlocução e os conhecimentos sobre os destinatários podem orientar o escritor quanto à suficiência ou não das justificativas apresentadas. Nesse caso, a situação de interlocução não favorecia a construção de representações sobre o interlocutor.

Ainda no estudo empreendido por Oostdam, Glopper e Eiting (1994), foi apontada como problema também a média de produção de contra-argumentos, que foi 0,22, indicando que mais da metade dos jovens não apresentaram esse elemento textual (não há explicitação do percentual de alunos que apresentou contra-argumento no texto). Não há, no entanto, reflexões sobre o papel que a contra-argumentação poderia desempenhar nessa situação especificamente. Será que os adolescentes realmente estavam engajados na atividade? Quem deveria ser convencido? Que consequências poderiam advir desse convencimento? Que outras estratégias foram utilizadas para combater as possíveis objeções? No Capítulo 1, apontamos que a justificativa da justificativa muitas vezes desempenha tal papel.

Piéraut-Le Bonniec e Valette (1991) também evidenciaram que adolescentes têm dificuldades com a produção desse tipo textual.[2] Eles estudaram o uso de argumentação escrita por 30 adolescentes de 11 a 17 anos, por meio de uma atividade na qual era apresentada uma história policial com descrição dos suspeitos e era solicitado aos adolescentes que escrevessem um texto indicando quem era o culpado, a fim de convencer o "chefe". Conforme se pode ver, a situação de interação era imaginária: foram explicitados o interlocutor (chefe) e a finalidade (decidir sobre o culpado para incriminá-lo) da situação criada. Não foram explicitados os interlocutores e finalidades reais. Os autores mostraram que o uso das pistas para encontrar o culpado foi maior em adolescentes acima de 12 anos (adolescentes de 11/12 anos usaram 3,7 pistas; os de 14/15 anos usaram 8,1 pistas e os de 16/17 anos usaram 7,3 pistas), além do que a justificativa sobre o motivo pelo qual tal fato era considerado uma pista teve um aumento com a idade (80% das pistas apresentadas por adolescentes de 11/12 anos foram apenas citadas, sem justificativa, enquanto que tal fato ocorreu apenas em 24% para os de 14/15 anos e 4% para os adolescentes de 16/17 anos). Esses resultados não foram acompanhados de discussões a respeito das formas como os jovens representaram tal tarefa.

Apesar da afirmação constante de muitos autores (como os citados acima) de que produzir "textos argumentativos" escritos é difícil e que adolescentes têm dificuldades nesse tipo de produção, há estudos tentando mostrar que crianças são capazes de argumentar em textos escritos.

As crianças argumentam em textos escritos?

Leite e Vallim (2000), em um estudo realizado com 17 crianças de 4ª série (10/11 anos), de uma classe do Programa Atendimento Integral à Criança e ao Adolescente (Prefeitura Municipal de Moji Guaçu – Brasil),

---

[2] O tipo textual é argumentativo. Não há nessas pesquisas nenhuma discussão sobre os gêneros textuais em que os alunos precisam adotar esse tipo como sequência dominante.

defenderam que as crianças são capazes de construir textos escritos argumentativos da mesma maneira que produzem textos orais.

As situações nas quais os textos analisados foram produzidos foram descritas em seis momentos claramente identificáveis: 1) escolha do tema (diálogo em que o professor problematizava e questionava sobre fatos contados pelos alunos na Hora da Novidade); 2) coleta de informações sobre o tema (eram realizadas atividades de pesquisa, como leitura de textos, entrevistas, dentre outras atividades destinadas ao armazenamento de dados e argumentos sobre o tema); 3) síntese sobre o tema (diálogo no grupo para sistematizar e organizar as informações); 4) elaboração do texto (produção individual); 5) reescrita do texto (reescrita após avaliação do professor, que devolvia os textos com comentários); 6) socialização dos textos (organização de um livro destinado a conscientizar crianças de outra classe sobre o tema).

Os resultados apontados foram que dos 17 textos analisados, 17% (três textos) foram classificados no estágio pré-argumentativo (ponto de vista sem justificação), 59% (10 textos), no estágio de argumentação mínima (ponto de vista + uma justificativa) e 23% (quatro textos), no estágio de argumentação elaborada (ponto de vista + duas justificativas), ou seja, os autores concluíram que "as crianças são capazes de elaborar textos dissertativos desde que lhes sejam proporcionadas condições pedagógicas favoráveis" (LEITE; VALLIM, p. 192).

Novamente vemos subjacente ao modo de categorização dos dados que a quantidade de justificativa é usada para indicar se o texto é "elaborado". Não há discussão sobre a suficiência argumentativa por meio da análise qualitativa das justificativas, considerando-se a situação de interlocução.

Brassart (1990a) também apresentou conclusões semelhantes em um estudo com crianças francesas. A autora realizou um trabalho com 156 alunos, de dez escolas, em diferentes graus de escolaridade. Em cada série, foram formados dez grupos, compostos por quatro meninos e quatro meninas, que eram homogêneos quanto à idade, sexo e rendimento escolar. Foram coletados dados em duas fases: coleta sem intervenção, em que os alunos foram testados sem que houvesse qualquer trabalho de intervenção didática; coleta após intervenção didática. Esses alunos escreveram um texto para convencer fumantes a deixar de fumar.

Foram encontrados, nas duas amostras, quatro modelos básicos de textos: textos não argumentativos; textos argumentativos indiretos, textos argumentativos desconectados; e textos argumentativos elaborados. Os textos não argumentativos eram os explicativos e expositivos, que falavam sobre o tema, mas não defendiam ponto de vista; os textos argumentativos indiretos eram aqueles que, embora fossem estruturados mediante outros tipos de sequência textual, como o narrativo-dialogal, tinham uma base argumentativa; os textos argumentativos desconectados eram aqueles em que havia um ponto de vista e uma ou mais justificativas não conectadas; os argumentativos elaborados eram escritos por meio de uma rede de justificativas articuladas.

A autora concluiu que, mesmo nos grupos em que não houve intervenção, já havia "texto argumentativo" elaborado (8/9 anos: 41,7%; 9/10 anos: 41,7%; 10/11 anos: 25%; 11/12 anos: 58,4%; 12/13 anos: 57,2%). Nos grupos que sofreram a intervenção didática, esses percentuais foram maiores (8/9 anos: 75%; 9/10 anos: 100%; 10/11 anos: 62,5%; 11/12 anos: 62,5%; 12/13 anos: 85,7%). É interessante observar, nesses dados, o efeito irregular da escolaridade, pois os alunos de 8/9 anos e 9/10 anos, na primeira fase do estudo, obtiveram 41,7% de textos classificados como argumentação elaborada e os alunos de 10/11 anos só conseguiram 25%. Da mesma forma, os alunos de 11/12 anos e 12/13 anos também ficaram muito próximos quanto à percentagem de textos nessa categoria (58,4% e 57,2%, respectivamente).

O percentual de textos não argumentativos foi menor no grupo que sofreu intervenção que no grupo sem intervenção. Quantos aos textos argumentativos indiretos, que foram pouco frequentes na fase inicial, desapareceram nos grupos que sofreram intervenção. Os textos argumentativos desconectados também foram mais frequentes na fase sem intervenção que na fase com intervenção.

A principal conclusão do referido estudo foi que "os alunos são capazes de escrever textos argumentativos precocemente: 8/9 anos" (p. 130). De fato, como apontamos acima, 41,7% dos estudantes entre 8 e 9 anos produziram argumentação elaborada, com argumentos articulados entre si, e 57,2% dos alunos de 12/13 anos produziram textos nesse nível, mesmo sem a fase de intervenção.

Outra conclusão relevante foi que a intervenção provocou um impacto sobre a estrutura textual produzida pelos alunos, pois tanto os textos não argumentativos quanto os textos com argumentação indireta e argumentação desconectada foram maiores na fase sem intervenção. É possível que esse efeito seja decorrente da mudança nas representações sobre o que se espera do texto. Ou seja, os alunos podem ter passado a representar a situação de uma forma diferente, percebendo o que o interlocutor (professor/pesquisador) espera dele naquele momento.

Em um outro artigo, Brassart (1990b) reafirmou que encontrou textos com argumentação elaborada produzidos por crianças acima de 11 anos. A autora sistematizou os resultados, dizendo que aos 8/9 anos, havia muitos textos sem justificação; aos 10/11 anos, as crianças geravam listas de razões, mas sem marcar a conectividade e em ordem aparentemente randômica; após 11 anos, muitos textos eram elaborados. Segundo a autora, a contra-argumentação emerge aos 10 anos e é mais frequente aos 11/12 anos (50% dos textos). A orientação foi a mesma explicitada no artigo anterior (persuadir fumantes a deixar de fumar).

Apesar da importância de tais resultados, não podemos deixar de salientar que, nos referidos estudos, os níveis de elaboração não foram pensados em relação à presença de contra-argumentos, que é o principal ponto de divergência entre os autores. Nessas pesquisas, foram considerados elaborados os textos que apresentavam argumentos articulados.

A contra-argumentação aparece nos textos das crianças?

Em oposição às conclusões de Leite e Vallim (2000) e Brassart (1990a e b), encontramos vários autores (DE BERNARDI; ANTOLINI,

1996; GOLDER; COIRIER, 1994; GOLDER; COIRIER, 1996, dentre outros) que apontaram dificuldades em produção de argumentos nos textos escritos por crianças.

Golder e Coirier (1996), por meio de um levantamento bibliográfico sobre o tema, apresentaram resultados de vários experimentos realizados por diferentes pesquisadores em que crianças e adultos foram conduzidos a definir os fatores constituintes dos discursos argumentativos e a produzir "textos argumentativos". Os autores concluíram que, aos dez anos, as crianças podem produzir e reconhecer estrutura argumentativa mínima (ponto de vista e justificativa), mas é apenas aos 15/16 anos que o domínio do processo de negociação, que envolve conhecimento do ponto de vista do oponente (geralmente através do uso do contra-argumento), faz-se presente.

Santos (1997) realizou um estudo em que comparou as duas modalidades de produção textual (oral X escrita). O estudo foi realizado com 40 crianças recifenses (Brasil) de uma escola da rede privada de ensino, de 2ª, 5ª e 8ª séries do Ensino Fundamental, e da 3ª série do Ensino Médio, em dois momentos: 1) conversa informal sobre um tema polêmico (Quem deve escolher os horários e os programas a que as crianças assistem na televisão?); 2) produção do texto escrito sobre o mesmo tema.

A primeira análise realizada foi quanto à produção dos elementos da argumentação (ponto de vista, justificativas, contra-argumentos, respostas ao dilema). Os resultados mostraram que, na produção oral, as crianças de todas as idades/séries apresentaram todos os elementos da argumentação (com um mínimo de 90% das crianças de cada faixa etária/série). Mas, com relação ao texto escrito, embora todos os sujeitos tenham conseguido apresentar ponto de vista (100%), o uso dos demais elementos foi variável. Na 2ª série, nenhuma criança produziu contra-argumento e resposta, embora 70% tenham apresentado justificativa. Na 5ª série, todas as crianças apresentaram justificativas, mas apenas 40% conseguiram apresentar contra-argumento e 40% apresentaram resposta. Na 8ª série, 90% apresentaram justificativa, 40% apresentaram contra-argumento e 30% apresentaram resposta. Por fim, no Ensino Médio,

90% apresentaram justificativa, mas apenas 50% apresentaram contra-argumento e 50% apresentaram resposta.

A autora conclui que, mesmo sendo capazes de produzir oralmente tais elementos, a produção escrita mostrou-se difícil até para os adolescentes, pois a contra-argumentação esteve ausente em metade dos textos. Segundo a autora, o desempenho geral em relação ao texto escrito foi pobre, pois apenas 20% dos alunos da 5ª série, 30% dos alunos da 8ª série e 50% dos adolescentes conseguiram apresentar os quatro elementos no texto. A maioria dos sujeitos apresentou apenas um ou dois desses elementos.

Podemos questionar, a esse respeito, se há realmente uma dificuldade de produção ou se os alunos estão construindo o texto segundo o modelo textual que assumem como "suficiente para dar conta da tarefa". Quanto a essa última hipótese, podemos levantar duas questões. A primeira é que o comando da tarefa não explicita quem são os leitores dos textos e a finalidade. Assim, pode ser que as crianças não estejam investindo o suficiente para "convencer o leitor". A segunda questão é que o gênero textual e, portanto, a configuração geral do texto a ser produzido não são discutidos. Será que esses alunos deparam com textos que atendam ao modelo esperado (ponto de vista, justificativa e contra-argumentação)? As orientações e modelos textuais na escola atendem a essa configuração?

Outro aspecto importante que podemos destacar no referido estudo é que houve pouco impacto da escolaridade, especialmente se analisarmos os resultados obtidos na 5ª e 8ª séries do Ensino Fundamental e 3ª série do Ensino Médio. As diferenças ocorreram, principalmente, entre os alunos da 2ª série e os demais alunos.

Quanto às diferenças entre os mais jovens (2ª série) e os demais alunos podemos supor que a ausência de outros interlocutores deixa implícito que esta é mais uma atividade escolar em que a finalidade é a avaliação pelo professor ou por outros representantes da instituição escolar. É possível que as crianças em início de escolarização não tenham familiaridade suficiente com tal tipo de contexto. Quanto mais familiaridade com esse tipo de situação, mais adequação, portanto, às expectativas do leitor (exigências escolares). Estão em jogo, então, as representações sobre tais exigências. Quais são as expectativas (exigências) do professor? As crianças de diferentes graus/séries escolares representam esse interlocutor da mesma maneira? A explicitação das expectativas está presente em todas as séries ou aparece em alguma série específica?

Em suma, são muitas as questões que podemos levantar acerca das atividades de escrita propostas para as crianças. Aliada a esse "pouco impacto da escolaridade" observado no estudo de Santos (1997), podemos também chamar a atenção para as dispersões quanto aos resultados de diferentes estudos.

Se compararmos os resultados de alguns estudos quanto à presença de contra-argumentos em textos escritos, veremos que, no estudo de Santos (1997), nenhuma criança da 2ª série produziu contra-argumentação, em contraposição a 27% das crianças de um estudo realizado por Leitão e Almeida (2000).

No estudo de Leitão e Almeida (2000), 43% dos alunos da 4ª série produziram contra-argumentos de modo similar aos alunos de 5ª (40%) e 8ª séries (40%) do estudo de Santos (1997), ao passo que apenas 25% dos alunos na faixa etária de 12 anos de um estudo realizado por Marchand (1993) o fizeram.

Em relação aos adolescentes de 18 anos, só 50% dos alunos da 3ª série do Ensino Médio, no estudo de Santos (1997), produziram contra-argumentação, em contraposição aos 80% dos sujeitos do estudo de Marchand (1993).

Essas diferenças podem ser indícios de que as condições de produção podem exercer efeitos marcantes sobre tais resultados e, nesse bojo, sobre as diferentes experiências escolares e extraescolares.

Para engrossar a discussão, buscamos analisar textos de crianças produzidos em uma situação em que foram delimitadas as finalidades e os destinatários dos textos, para verificar se também nessas condições as crianças mostram-se "pouco capazes" de construir argumentação. Na realidade, vamos evidenciar o quanto elas são capazes de elaborar textos de opinião, explicitando os pontos de vista e justificando-os. Nossa meta é analisar as estratégias que usam para realizar tal tarefa.

Análise de textos de crianças: relato de uma pesquisa

Para coletar os textos das crianças que vamos avaliar aqui, foi realizada uma atividade de produção de texto de opinião em três escolas públicas e 1 escola particular da Região Metropolitana do Recife – PE (Escola 1: Escola da Rede Estadual de Ensino de Pernambuco, situada em Olinda; Escola 2: Escola da Rede Municipal de Ensino de Camaragibe; Escola 3: Escola da Rede Municipal de Ensino de Recife; Escola 4: Escola da Rede Privada de Ensino, situada em Recife). Em cada escola, uma turma de cada grau escolar (da 2ª à 4ª série) participou da pesquisa.

A atividade foi realizada, em cada turma, com todo o grupo-classe presente nas datas marcadas e, posteriormente, foram selecionados os textos a serem analisados. Os critérios para seleção foram: 1) o nível de escrita (a criança precisava dominar a escrita alfabética, mesmo que apresentasse muitas dificuldades ortográficas) e 2) a idade, pois fizeram parte da amostra apenas crianças dentro da faixa etária esperada para a série (8/9/10 para 2ª série; 9/10/11 para a 3ª série e 10/11/12 para 4ª série). Foram analisados, ao todo, 156 textos de alunos.

As professoras foram contactadas em cada escola separadamente. Receberam orientações (orais e por escrito) para a aplicação da tarefa e marcaram o dia em que fariam a atividade. As aulas em que os textos foram produzidos foram observadas e gravadas. A atividade proposta foi adaptada de uma proposição de um livro didático destinado a crianças de 3ª série (SOARES, 1999a, p. 99). As orientações disponibilizadas para as professoras foram:

a) leitura do texto "Eles são os donos da casa";

b) discussão sobre se as crianças devem ou não trabalhar em casa sem tomada de posição pelo professor, que tinha a função apenas de coordenador do debate, e;

c) solicitação de que as crianças escrevessem, individualmente, um texto dizendo a opinião delas, pois eles seriam lidos para outras crianças e seriam escolhidos alguns para serem debatidos em outra sala de aula da escola.

O texto utilizado para motivar a discussão foi extraído, pela autora do livro didático, da *Folha de S. Paulo*, suplemento Folhinha

(Fávero, 1999), e fala sobre a experiência de três crianças que "tomam conta" da casa enquanto a mãe sai para trabalhar.

Na reportagem, as experiências são contadas de forma que fica implícita a posição da autora de que as crianças devem ajudar em casa, embora em nenhum momento esse ponto de vista seja explicitado. O parágrafo inicial, que repete um ditado popular ("Mãe é uma só"), já assume a "voz social" na qual a mãe "merece respeito e nós devemos ajudá-la". De outro lado, a pergunta "E quando ela precisa trabalhar fora?" já impõe um ponto de vista de que o trabalho é necessário e, portanto, inquestionável. O texto, portanto, além de motivar a atividade, reitera as vozes sociais que são valorizadas na escola: o ponto de vista mais aceito socialmente é o que diz que a criança deve ajudar a mãe em casa.

A leitura do texto foi pensada para detonar a discussão e apresentar alguns argumentos a serem debatidos. O autor da reportagem foi, portanto, o primeiro interlocutor dos alunos, tendo sido citado na segunda atividade (discussão), que foi planejada para que os alunos enfocassem o tema em discussão, percebessem a relevância dele, percebessem a existência de diferentes pontos de vista, de diferentes justificativas para tais posições e de oponentes à tese dele.

A informação de que outras crianças iriam ler os textos e debater em sala de aula (outra classe da escola) foi formulada na tentativa de que elas construíssem o texto pensando em leitores que não tinham participado da situação de produção. De outro lado, estávamos interessados em fazer com que eles representassem um leitor a ser persuadido.

As crianças justificaram seus pontos de vista?

Ao avaliarmos os textos das crianças, percebemos claramente que elas conseguiam expor seus pontos de vista sem dificuldade. Em relação ao processo de justificação, constatamos, a partir dos dados coletados, que as crianças também não tiveram dificuldades para justificar seus próprios pontos de vista. A maior parte dos textos continha, pelo menos, uma justificativa que fundamentava o ponto de vista defendido (80,85% na 2ª série, 89,58% na 3ª série e 86,89% na 4ª série).

Embora a maior parte dos textos tenha sido composta por apenas uma justificativa (55,3% na 2ª série, 75% na 3ª série e 57,4% na 4ª série), a presença de textos com mais de uma justificativa também foi observada. Na 2ª série, 25,5% dos textos tinham duas justificativas; na 3ª série, 14,6% continham também duas justificativas; na 4ª série, 19,7% tinham duas justificativas e 9,8% tinham mais de duas.

Não houve efeito da série sobre a apresentação de justificativas nos textos, conforme verificamos pelo teste de Qui-quadrado [X^2=1,576, g.l. 2, p=.455]. Ao que parece, as crianças, desde a 2ª série, perceberam a necessidade de justificar a opinião delas. Essa consciência da necessidade de justificação pode ser decorrente das próprias situações cotidianas em que, na interação oral, elas precisam dizer o porquê de defenderem determinadas ideias. Os estudos sobre a emergência da linguagem oral mostraram esse fenômeno (CLARK; DELIA, 1976; EISENBERG; GARVEY, 1981; e GENISH E DI PAOLO, 1982; dentre outros).

Nas pesquisas sobre produção de textos escritos, conforme apontamos anteriormente, a justificativa ao ponto de vista é considerada um componente mínimo no "texto argumentativo" por muitos autores (TOULMIN, 1958, GOLDER; COIRIER, 1994; SANTOS, 1997; dentre outros).

Na escola, aparece como requisito para constituição da argumentação em muitas situações, como nas questões de opinião sobre textos lidos em sala. Esse gênero escolar (resposta a perguntas de opinião) parece se configurar basicamente por esses dois componentes, conforme exemplificamos no texto 1, a seguir.

Texto 1

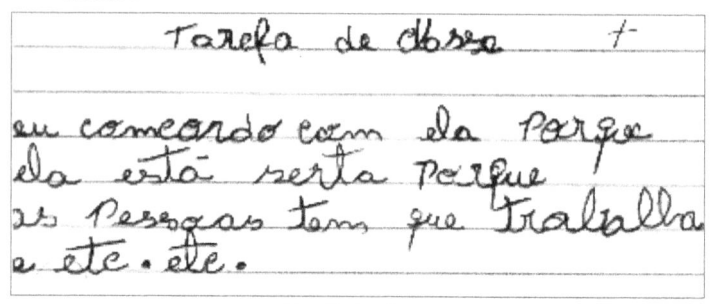

Tarefa de classe
Eu concordo com ela porque ela está certa, porque as pessoas têm que trabalhar e etc., etc.

Escola 3, 3ª série, 9 anos, sexo feminino.

Nesse texto, a criança está respondendo à pergunta feita pela professora. O ponto de vista é introduzido numa atitude responsiva explícita, pois o referente a que se aplica o pronome "ela" não aparece no texto, podendo ser recuperado pelo interlocutor que conhece a situação de produção do texto. Assim, o texto ganha sentido apenas no contexto escolar em que se deu o processo de interlocução. A justificativa explícita "porque as pessoas têm que trabalhar" não é desenvolvida. Se pensarmos que o texto é uma resposta, podemos supor que no contexto de produção, tal justificativa já havia aparecido, o que possibilitou ao aluno complementar o texto com "etc., etc.". Só quem participou da situação pode saber o que mais foi dito sobre o tema em sala de aula.

Não podemos, ainda, desconsiderar que muitas vezes uma única justificativa traz implicitamente uma rede de conhecimentos partilhados e de valores subentendidos como aceitos pelos interlocutores. O texto 2, abaixo, exemplifica tal questão.

Texto 2

Eu acho (que) quando a mãe manda fazer algumas coisas é para ir. Por isso eu vou, para ajudar a minha mãe e o meu pai. Quando minha mãe sai, eu ajudo em casa e quando minha mãe chega eu peço a ela para brincar. Se meu pai chegar, ele não deixa eu sair. Por isso que eu ajudo em casa.

Escola 1, 4ª série, 12 anos, sexo masculino.

O texto 2, produzido por um aluno de 4ª série (12 anos), traz o ponto de vista embutido na justificativa: "Eu acho (que) quando a mãe manda fazer alguma coisa é para ir". Ou seja, ele defende que a criança deve fazer os trabalhos domésticos (ponto de vista) porque "quando a mãe manda é para ir". Na realidade, se fôssemos decompor tal justificativa, encontraríamos uma rede de argumentos: a criança deve fazer os serviços porque a mãe manda e a mãe manda porque tem autoridade para mandar e essa autoridade existe porque ela tem poder de punir e/ou porque ela merece ter esse poder como consequência dos papéis que ela desempenha. Está em jogo, portanto, a representação sobre a mãe na nossa sociedade e, dessa forma, o menino pode simplesmente achar que não é necessário justificar os motivos pelos quais os filhos devem obediência às mães, principalmente na escola, que é uma instituição que cultua a figura materna.

Nesse caso, é possível que a justificativa seja considerada suficientemente forte e dispense acréscimo de novos argumentos. Ela atenderia, então, aos critérios "suficiência", "aceitabilidade" e "relevância". No Capítulo 1, já defendíamos que as representações sobre os interlocutores são tomadas em conta para que se decida sobre se determinada justificativa é suficiente para a defesa do ponto de vista ou se se torna necessário acrescentar outras premissas para o que se diz como sendo verdadeiro.

Como dissemos, a justificativa apareceu como um dos elementos na maioria dos textos das crianças de todas as séries, sem que o tempo de escolaridade tenha surtido efeito sobre a presença desse componente textual. Para visualizarmos melhor os dados, investigamos a percentagem de textos com presença de justificativas por série em cada escola atendida.

Em todas as séries foi alta a percentagem de textos com justificativa. De igual modo, esse fenômeno se repetiu quando analisamos a percentagem por escola, com exceção da escola 2 que, na 2ª série, não teve nenhum texto com justificativa. Nesse momento, é bom lembrarmos que, em relação ao tamanho dos textos, a média nessa turma foi de sete palavras por texto. Nesses casos, verificamos que houve apenas a indicação da posição defendida.

Diferentemente do que observamos no texto 2, em que a criança construiu a argumentação apenas com explicitação da justificativa, encontramos outros textos em que a justificativa utilizada não foi considerada pelo autor como suficientemente forte para convencer o leitor. Em relação a tal aspecto, podemos discutir sobre a inserção de justificativas das justificativas nos textos apresentados. Nesses textos, havia necessariamente, uma cadeia argumentativa.

Dos alunos de 2ª série, 40,4% incorporaram ao texto pelo menos uma justificativa da justificativa, demonstrando que eram capazes de articular argumentos no interior do discurso. Na 3ª série, 45,8% fizeram o mesmo e na 4ª série esse total foi de 45,9%. No total, em 44,2% dos textos foi apresentada pelo menos uma justificativa da justificativa, o que demonstra que os alunos sabiam utilizar tal tipo de estratégia argumentativa.

Em todas as séries houve variação entre as turmas. Na 2ª série, a turma que apresentou maior quantidade de textos com justificativa da justificativa foi a da escola 3 (48,3%) e a menor percentagem foi a escola 2 (0%); na 3ª série, foi a escola 4 (90,0%) a de maior percentual e a escola 2, o de menor percentual (10%) e na 4ª série, foi a escola 1 (60,0%) que apresentou mais textos e a escola 4, a menor percentagem (30,8%). Como podemos ver, havia grande dispersão entre as turmas em cada série. De outro lado, podemos observar que a turma que apresentou mais textos com justificativa da justificativa foi a 3ª série da escola 4, seguida da 3ª série da escola 2, o que dá indícios de que realmente não houve efeito da escolaridade. Tal hipótese foi confirmada pelo teste de Qui-quadrado [$X^2=.395$, g.l. 2, $p=.821$].

No Capítulo 1, apontamos que a justificação da justificação pode desempenhar o papel de garantir a aceitabilidade da justificativa ou a relevância dela para o ponto de vista defendido. Assim, consideramos que, diante de um interlocutor, pode-se considerar necessário convencer sobre a justificativa ou explicitar as relações entre o ponto de vista e tal justificativa. Pode-se, assim, concluir que essa necessidade seja oriunda do reconhecimento da possibilidade da não aceitação da justificativa apresentada, o que poderia gerar um contra-argumento. Nesses casos, a presença do "outro" (interlocutor) indicaria a necessidade de justificação e de justificação da justificação.

Os textos 3 e 4 exemplificam as estratégias em que os alunos usaram justificativa da justificativa. O texto 3 foi produzido por uma criança de 2ª série (8 anos) e o texto 4, por uma criança de 3ª série (10 anos).

Texto 3

Concordamos com essa menina
Tarefa de classe

1) Dê sua opinião sobre: As crianças devem ou não trabalhar em casa? Sim. Por quê? Porque as mães têm que trabalhar.

Eu acho que nós devemos ajudar as nossas mães, que elas tem que trabalhar e nós devemos ajudar as nossas mães que quando elas chegam do trabalho (estão) cansadas. Por isso, devemos ajudá-las.

Escola 3, 2ª série, 8 anos, sexo feminino.

Texto 4

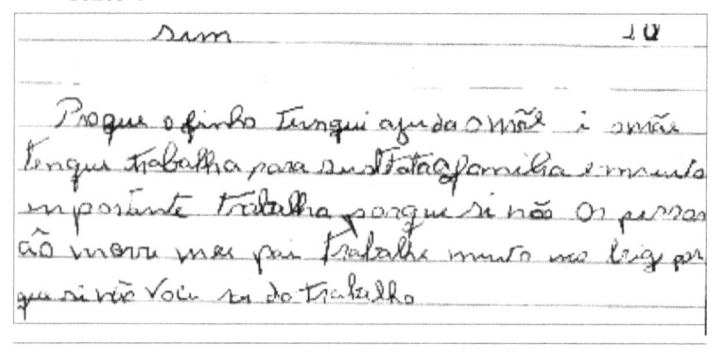

Sim

Porque o filho tem que ajudar a mãe e a mãe tem que trabalhar para sustentar a família. É muito importante trabalhar, porque senão as pessoas morrem. Meu pai, trabalhe muito, não brinque, porque senão você sai do trabalho.

Escola 3, 3ª série, 10 anos, sexo masculino.

Nos dois textos apresentados, podemos identificar claramente os pontos de vista, e tanto a criança de 8 anos quanto a de 11 anos centraram os esforços em garantir a clareza do que estavam pensando. No texto 3, a cadeia argumentativa é: "As crianças devem fazer os trabalhos de casa porque é preciso ajudar a mãe porque ela trabalha e, então, ela chega cansada em casa". A justificativa para ajudar a mãe é o fato de que a mãe trabalha, e o elo entre as duas informações é o fato de que, se ela trabalha, ela chega cansada em casa. Logo, há uma delimitação clara do tema, há uma justificativa e a apresentação de outra justificativa que "comprova" a relevância da informação dada. A "necessidade de ajudar" é ligada ao fato de que "a mãe trabalha" pela informação de que "se ela está cansada, precisamos ajudá-la".

No texto 4, a cadeia é: As crianças devem trabalhar em casa porque é preciso ajudar a mãe porque a mãe precisa trabalhar para sustentar a família para que as pessoas não morram. Nesse caso, a criança justifica o ponto de vista também defendendo a necessidade de ajudar a mãe porque ela trabalha. Depois, ela passa a justificar a necessidade de a mãe trabalhar, ou seja, ela trabalha para sustentar a família, porque senão as pessoas vão morrer.

Apesar dos dois textos incorporarem a justificativa da justificativa, as diferenças entre eles são grandes. No primeiro caso, não houve preocupação em justificar o fato de a mãe precisar trabalhar. A criança se preocupou em articular a relação entre "necessidade de ajudar" e o "fato de a mãe trabalhar" (se ela trabalha, ela chega cansada e nós precisamos ajudá-la). Estamos, portanto, diante de um texto em que o autor tomou como necessária a defesa da relevância da justificativa.

O critério da relevância, segundo proposto por Blair e Johnson (1987), conforme discutimos no Capítulo 1, refere-se à natureza da relação entre o ponto de vista defendido e a justificativa apresentada. Tal estratégia, a de fortalecer o elo entre ponto de vista e justificativa, pode estar centrada na possibilidade de não aceitação da justificativa pelo interlocutor sob o argumento de que ela não é relevante para o tema em discussão. Assim, podemos supor que se o escritor considerar que as relações entre o ponto de vista e as justificativas são óbvias para o interlocutor, não será necessário explicitar tais relações, mas, caso haja dúvida sobre se o interlocutor considerará que a justificativa é relevante para o propósito, o escritor poderá sentir necessidade de justificar a justificativa, explicitando os elos entre o ponto de vista e a justificativa. A criança-autora do texto 3 teria orientado sua argumentação por essa representação, ao passo que a criança-autora do texto 4 teria sido guiada por outro tipo de imagem acerca do interlocutor.

No texto 4, a justificativa da justificativa foi centrada na necessidade de aceitação da premissa: a mãe precisa trabalhar. Estamos, portanto, diante de um texto em que a criança tomou como estratégia de argumentação a justificação de que a premissa é verdadeira.

Conforme discutimos no Capítulo 1, o critério de aceitabilidade descrito por Blair e Johnson (1987) refere-se à suficiência de evidências para aceitação da premissa. Naquele momento, defendemos a ideia de que as representações sobre os interlocutores são tomadas em conta para que se busque apresentar evidências ou não de que as premissas são verdadeiras. Caso o redator considere que os interlocutores aceitam a justificativa como verdadeira, ele pode não apresentar mais evidências por achar desnecessário. Mas, se há dúvidas sobre a aceitação das justificativas, passa-se a mostrar ao interlocutor evidências de que o que dizemos é verdade.

Podemos nos perguntar se o fato de a criança 4 ter centrado os esforços em justificar a premissa dada não é indício de que ela está, de alguma forma, antecipando a rejeição a essa premissa. Nesse caso, poderíamos dizer que ela tem, nessa justificação, uma resposta a uma restrição (contra-argumentação). A voz que diz que "a mulher deve tomar conta da casa" não estaria sendo considerada nesse caso? Aceitando o pressuposto de que quando justificamos a justificativa estamos garantindo a aceitação da premissa, somos levados a aceitar que estamos considerando a possibilidade de "um outro" (interlocutor ausente) que rejeite tal premissa. Nesse caso, a justificativa da justificativa assume a função de "responder a uma possível restrição à premissa". Se estivermos achando que certa premissa é aceita universalmente, podemos não investir em convencer sobre ela, já que estamos todos convencidos.

Com essa concepção, apontamos que a voz de um "possível antagonista" não é considerada apenas quando são apresentados contra-argumentos explicitamente. As estratégias para responder às objeções também poderiam ser identificadas nas justificativas das justificativas.

Assim, a polifonia do texto em que se argumenta sobre um ponto de vista pode se manifestar de diferentes maneiras. A explicitação de contra-argumentos é apenas uma das estratégias adotadas para dar conta de possíveis divergências entre interlocutores.

Desse modo, a inserção de justificativa da justificativa seria uma das estratégias de antecipar possível enfraquecimento do argumento, o que geraria uma cadeia argumentativa explícita. Não tendo havido efeito da série sobre essa estratégia, perguntamo-nos sobre a possibilidade de haver um efeito do tipo de prática pedagógica de produção de textos na escola. Considerou-se, então, necessário conduzir análises sobre tais possíveis relações, que apresentamos a seguir.

As crianças inseriram contra-argumentos nos textos?

Em relação à contra-argumentação, Santos (1997) diz que existem três maneiras distintas de enfraquecer determinado ponto de vista: por meio de uma proposição que justifique explicitamente uma posição divergente; por meio de proposições que ponham em dúvida a veracidade/plausibilidade de uma justificativa para o ponto de vista defendido; e por meio de uma proposição que enfraqueça o elo que une ponto de vista e justificativa.

Ainda em relação a tal aspecto, essa autora salienta a importância de centrar a atenção para as formas como os sujeitos do discurso respondem aos contra-argumentos apresentados. As respostas aos contra-argumentos, segundo Santos (1996), podem ser inseridas no texto por meio de uma ação de negar ou enfraquecer a validade do contra-argumento; podem aparecer por meio da proposição de que, apesar de ele ser relevante, não é suficiente para desconstruir a posição defendida; por meio de concessões ao seu próprio ponto de vista; ou, ainda, por meio do abandono do ponto de vista inicial e defesa de um novo ponto de vista.

Atentamos, no entanto, que, na interação oral, a desconstrução do ponto de vista inicial e mudança de ponto de vista pode ser encarada como consequência do poder de argumentação do interlocutor. No texto escrito, porém, dado o contexto de produção do texto, em que o escritor não está inserido numa situação de diálogo imediato, pode-se conceber que tal estrutura textual pode ser encarada como uma estratégia discursiva de conduzir o leitor por intermédio de uma negociação virtual.

No tocante a essas operações de contra-argumentação, foram encontrados 41% de textos com contra-argumentos (restrições + refutações ou só restrição). Os dados coletados apontaram também que houve um quantitativo razoável de crianças que utilizaram estratégias de refutação de pontos de vista opostos aos seus. Dos alunos, 32% conseguiram antecipar e refutar possíveis objeções dos leitores dos seus textos.

A apresentação de pontos de vista opostos aos pontos de vista defendidos se deu tanto de forma explícita, em que a restrição ao seu próprio ponto de vista era incorporada ao texto, quanto de forma implícita, em que o autor já apresentava a refutação ao argumento contrário, levando o leitor a inferir possíveis restrições aos pontos de vistas.

Um exemplo de apresentação de uma restrição explícita pode ser encontrado no texto 5, a seguir.

Texto 5

Os trabalhos de casa

Todo mundo tem direito de arrumar casa, lavar prato. Mas tem meninos que acham isso só é coisa de mulher. Mas quase tudo que a mulher tem os homens também têm. Eu arrumo casa e lavo prato. Também o meu irmão lava prato e por isso ele não deixa de ser homem.

Escola 1, 4ª série, 12 anos, sexo feminino.

No texto 5, a menina defende a posição de que "todo mundo tem direito de arrumar casa [...]". Estaria implícito aí que "todo mundo" engloba adultos e crianças de ambos os sexos (homens e mulheres; meninos e meninas). Explicitamente, há a inserção de uma voz que aponta uma posição contrária a essa ("Mas tem meninos que acham isso só é coisa de mulher"). A essa restrição há uma contraposição também explícita que é incorporada ao texto com a adversativa "Mas". A resposta a tal restrição é dada pela apresentação de uma proposição socialmente aceita de que "Quase tudo que a mulher tem os homens também têm". Essa é uma voz social que é usada para fortalecer a posição de que "todos devem trabalhar". Para evidenciar a proposição, tornando-a aceitável, a autora apresenta um exemplo próprio ("Eu arrumo casa e lavo prato. Também o meu irmão lava prato e por isso ele não deixa de ser homem"). Assim como a criança-autora do texto 5, 17,3% dos sujeitos dessa pesquisa lançaram mão de fornecer exemplos para fortalecer a construção dos argumentos.

O uso de exemplos como estratégia de persuasão é apontado por vários autores (BILLIG, 1991; BRETON, 1999; PERELMAN; OLBRECHTS-TYTECA, 1999). Breton (1999, p. 63) afirma que "o argumento pelo exemplo implica sempre uma espécie de comparação e é em si mesmo, um apelo à autoridade do fato exemplar". Esse autor indica que percurso semelhante é, muitas vezes, adotado por adultos também. Ele atenta para os casos em que

> alguém persuadido de uma tese e querendo persuadir um auditório afirma: tomemos como exemplo... e se põe à procura de um exemplo que ele não tinha até então. Esta situação mostra bem como o uso do exemplo é visto como prático, eficaz e geralmente mais espontâneo do que refletido (BRETON, 1999, p. 141).

No texto 5, está em discussão um dilema socialmente relevante referente às diferenças entre "homens e mulheres" que é tomado como foco central da argumentação. Talvez tal eixo se imponha pela aceitação mais universal de que "as meninas têm que ajudar em casa". Assim, o foco para negociação passa a ser a premissa de que não apenas as meninas devem trabalhar em casa, tema que realmente se apresenta como passível de contestação. A contra-argumentação, assim, recai sobre a premissa que não parece ser aceita universalmente. O apelo ao exemplo aparece, portanto, para responder à restrição explícita do texto.

Esse tema, realmente, foi um dos principais propulsores da inserção de vozes contrárias nos textos das crianças. O texto 6, de uma menina da 2ª série, também representa tal fenômeno. Nesse caso, a negociação foi mais sutil, pois a aluna forneceu pistas para que o próprio leitor elaborasse inferências em que as vozes do discurso se contrapõem.

Texto 6

Tarefa de classe

1º) Dê a sua opinião sobre (se) as crianças devem ou não trabalhar em casa. Por quê?

As crianças têm que ajudar em casa, quando os pais saem para trabalhar fora de casa. As crianças têm que ajudar em casa nos serviços de casa e os homens também têm que ajudar em casa, os homens. Só muda o sexo do menino e da menina, mas eles e elas têm que dividir em casa. Então tem que ajudar.

Escola 3, 2ª série, 9 anos, sexo feminino.

A autora do texto 6 explicita o ponto de vista que vai defender, assumindo que é dever das crianças ajudar em casa, ou seja, ela justifica o ponto de vista apelando para um valor social introduzido por um modalizador deôntico que deixa implícito que todos temos deveres, e complementa dizendo que é preciso ajudar quando os pais saem para trabalhar. Ou seja, embora ela não tenha explicitado que os deveres são divididos (pais trabalham fora e crianças em casa), podemos inferir tal concepção pela forma como as informações foram disponibilizadas no texto. Com isso, estamos querendo cooperar com a autora e realizar as inferências possíveis, de modo a entender que nem sempre a justificativa da justificativa é explicitada, mas, muitas vezes, ela é possível de ser reconstruída pelo leitor.

A elaboração de inferências também é necessária para reconstruirmos o processo de contra-argumentação presente no texto. A criança escreve "e os homens *também* têm que ajudar em casa". "Também", nesse enunciado, carrega o sentido de "não só... mas também...", que, segundo Guimarães (2001), lança mão "de uma construção linguística que tem a polifonia como constitutiva da significação de sua enunciação" (p. 137). De igual modo, Vogt (1977, p. 135) já atentava que:

> Quando um locutor diz não só 'p', mas também 'q' ele procede como se pressupusesse no seu interlocutor a intenção de acrescentar, como é próprio deste operador, um caráter de exclusividade; 'não só' é a marca desta ausência. A recusa do locutor encontra, enfim, a sua razão argumentativa no fato de 'q' ser apresentado como um argumento de igual força que 'p', isto é, como um argumento que, por ser igual, opõe-se de certa forma a p: mas também q.

Nesse caso, a criança passa a refutar uma restrição que não foi explicitada no texto (isso é trabalho das mulheres/das meninas), mas que enfraqueceria sua justificativa. Se a justificativa estava pautada nos deveres das crianças e alguém afirma que não é dever dos homens e, portanto, dos meninos, essa justificação só é aceita parcialmente. Ela, então, refuta tal princípio e explicita apenas a resposta (refutação): "Os homens também têm que ajudar em casa [...]. Só muda o sexo do menino e da menina, mas eles e elas têm que dividir".

Encontramos, portanto, nesse texto, os elementos de justificação e contra-argumentação, embora alguns deles estejam implícitos. São dadas pistas linguísticas para que, por meio da elaboração de inferências, realizemos a reconstrução da cadeia argumentativa.

As análises da distribuição dos textos em relação à inserção de restrições implícitas mostraram que em todas as séries foram encontrados textos com tal configuração. Conforme apontamos anteriormente, no tocante a esse aspecto, a dispersão entre as turmas foi menor que a dispersão quanto ao uso de restrições explícitas. As crianças da 3ª série da escola 1 foram as que mais utilizaram tal tipo de estratégia argumentativa (38,5%), seguidas pelas crianças da 4ª série da escola 1 (30%) e 2ª série da escola 2 (25%). Em três turmas não foram observadas ocorrências de uso de restrições implícitas (2ª série/escola 1; 3ª série/escolas 2 e 3).

Um dado importante, já salientado anteriormente e reafirmado na análise do texto 5, é que a indução à inferência é uma estratégia discursiva legítima que foi utilizada pelos alunos com diferentes propósitos em diferentes partes do texto (apresentação de ponto de vista, processo de justificação, processo de contra-argumentação).

Em suma, observamos, nesse tópico, pela análise dos textos de crianças de diferentes idades, o uso de estratégias de inserção de pontos de vista contrários aos delas, seja por meio da explicitação de vozes discordantes, seja pela condução do leitor por meio de um jogo de subentendidos e indução a sentidos implícitos no texto. Tais estratégias evidenciam uma preocupação com um interlocutor que possa discordar de suas posições.

Devemos relembrar, nesse momento, que muitos autores citados na introdução deste capítulo apontaram a dificuldade das crianças em produção de textos escritos argumentativos elaborados sob o argumento de que elas, na maioria das vezes, não operam por meio de contra-argumentação (GOLDER; COIRIER, 1994, 1996; DE BERNARDI; ANTOLINE, 1996; Santos 1997). Verificar a análise da presença de contra-argumento na escrita dessas crianças ajuda a aprofundar tal discussão. Se apresentássemos apenas os resultados globais da 2ª série, apontaríamos que 29,8% das crianças apresentaram contra-argumento, dentre as quais, 25,5% conseguiram apresentar respostas (refutações a tais restrições). Esse resultado corroboraria os resultados encontrados por Leitão e Almeida (2000), em que 27% das crianças de 2ª série produziram contra-argumentos. No entanto, a visualização dos resultados por turma mostra que enquanto na escola 4, 54,5% apresentaram contra-argumentação, na escola 1 nenhuma criança demonstrou tal desempenho. Podemos relembrar a esse respeito que, no estudo de Santos (1997), nenhuma criança de 2ª série apresentou contra-argumentação.

As diferenças entre as turmas da 3ª série também ficaram muito claras quando fizemos as comparações em relação à presença de contra-argumentação na escrita. Enquanto nas turmas 1 e 4 muitas crianças inseriram nos textos a contra-argumentação (69,2% e 70%, respectivamente), nas turmas 2 e 3 nenhuma criança teve tal desempenho. Considerando que tais crianças estão na faixa etária entre 9 e 11 anos, podemos novamente questionar a hipótese que as dificuldades são oriundas de uma incapacidade de descentração, que só seria totalmente construída em torno de 13/14 anos (GOLDER; COIRIER, 1994, 1996).

É fundamental, assim, pensarmos em duas questões importantes:

Se 54,5% das crianças de 2ª série da escola 4 apresentaram contra-argumentação, então podemos perceber possíveis indícios do efeito do tipo de prática pedagógica, de um lado, e questionar as hipóteses desenvolvimentistas, que apontam causas relacionadas ao processo de descentração. Se o efeito for decorrente da prática pedagógica, precisamos investigar os tipos de práticas pedagógicas e as situações de produção de textos argumentativos nas escolas.

Conclusões

Neste capítulo, vimos que, apesar da convergência de resultados entre os estudos sobre a capacidade de crianças pequenas argumentarem oralmente (BANKS-LEITE, 1996; CLARK; DELIA, 1976; EISENBERG; GARVEY, 1981; GENISH; DI PAOLO, 1982; MILLER, 1987; ORSOLINI, 1994; e WEISS; SACH, 1991), há, na literatura, divergências quanto às capacidades de argumentação em textos escritos.

De um lado, há os autores que indicam que até mesmo adolescentes têm dificuldades para produzir "textos argumentativos[3]" (OOSTDAM; GLOPPER; EITING, 1994; PÉCORA, 1999; PIÉRAUT-LE BONNIEC;

VALETTE, 199; e PLATÃO; FIORIN, 1990); de outro, há autores que defendem que crianças são capazes de construir textos para defender pontos de vista (BRASSART, 1990 a, 1990 b; LEITE; VALLIM, 2000).

Vários estudos mostram ainda que crianças jovens não são capazes de construir textos argumentativos "elaborados" (GOLDER; COIRIER, 1994, 1996; DE BERNARDI; ANTOLINE, 1996; SANTOS, 1997). Esses apontam dificuldades relacionadas à produção de contra--argumentos. Os dados dessas pesquisas mostram um baixo índice de contra-argumentos nos textos de sujeitos abaixo de 15/16 anos. Uma das explicações seria que as crianças não antecipam objeções de interlocutores ausentes porque elas não seriam capazes de "descentração". Assim, a explicação estaria pautada numa característica desenvolvimental.

No entanto, alguns autores apontam que as crianças são capazes de recompor textos argumentativos, identificando a valência das proposições (Roussey e Gombert, 1996) e que quando a situação o impõe, as crianças usam contra-argumentos com mais frequência do que quando a situação não impõe tal recurso (Marchand, 1993, Andriessen, Coirier, Roos, Passerault e Bert-Erboul, 1996; De Bernardi e Antolini, 1996; Vasconcelos, 1998). Assim, a ausência de contra-argumentos no texto poderia estar relacionada com a tomada de decisão do autor. Mattozo (1998) mostra evidências de situações em que o autor pensa em contra-argumentos possíveis durante a geração do texto, mas não insere nele todos os contra-argumentos pensados.

Nesse bojo, introduzimos nossas reflexões assinalando a necessidade de refletirmos sobre o contexto de produção em que tais textos foram gerados e sobre a concepção de "texto argumentativo" que permeia grande parte desses trabalhos.

O foco de análise que adotamos, portanto, toma como princípio a ideia de que existem diferentes estratégias para defender pontos de vista e que, dependendo do contexto de produção e das representações sobre tal contexto, são produzidos diferentes modelos textuais.

---

[3] Conforme apontamos, os autores usam essa nomenclatura sem discutir sobre a questão dos gêneros textuais. A classificação tradicional dos tipos textuais parece ser o critério de análise.

Os resultados encontrados permitiram concluir que as crianças, geralmente, foram capazes de apresentar e defender seus pontos de vista. Alunos de diferentes idades mostraram-se eficientes na tarefa de apresentar seus pontos de vista, justificá-los, inserir outras vozes no discurso, apresentando justificativa da justificativa e contra-argumentações e realizaram tais ações de forma explícita ou por meio da indução à elaboração de inferências.

A fim de sintetizar os dados até o momento analisados, elaboramos, abaixo, uma tabela que mostra a porcentagem de crianças que inseriram em seus textos, cada um dos componentes textuais a que nos referimos acima. Como pode ser observado, houve grandes diferenças entre as crianças quanto às escolas/turmas que frequentam, evidenciando algum efeito da intervenção didática, tema que será tratado posteriormente.

TABELA 1

Síntese do percentual de uso dos diferentes componentes textuais utilizados pelas crianças por série e escola

SÉRIE	ESCOLA	QUANTIDADE MÉDIA DE PALAVRAS	COMPONENTES TEXTUAIS (%)			
			Ponto de vista claro	Justificativa	Justificativa da justificativa	Contra-argumentação
2ª	1	31,3	100,0	100,0	33,3	0,0
	2	7,0	100,0	0,0	0,0	25,0
	3	37,9	100,0	86,2	48,3	24,1
	4	24,7	90,9	90,9	36,4	54,5
Total		31,8	97,9	80,8	40,4	29,8
3ª	1	68,8	100,0	76,9	15,4	69,2
	2	31,9	100,0	80,0	10,0	0,0
	3	39,9	100,0	100,0	66,7	0,0
	4	52,1	100,0	100,0	90,0	70,0
Total		48,6	100,0	89,6	45,8	33,3
4ª	1	76,1	100,0	100,0	60,0	70,0
	2	29,1	94,7	78,9	42,1	21,0
	3	108,0	89,5	89,5	52,6	63,2
	4	55,2	92,3	84,6	30,8	84,6
Total		66,9	93,4	86,9	45,9	51,3
Total geral		50,7	96,8	85,9	44,2	41,0

Que tipos de intervenção didática ajudam a desenvolver as estratégias argumentativas?

Como já discutimos, há, no meio educacional, entre alguns pesquisadores, certa crença de que produzir textos argumentativos é muito difícil e que deveria ser ensinado apenas nos anos finais do Ensino Fundamental e no Ensino Médio. Entre esses profissionais paira a ideia de que nos anos iniciais deveríamos centrar a atenção nos textos narrativos.

No Capítulo 1, mostramos textos de crianças, analisados a partir dos relatos de várias pesquisas e exposição de uma investigação sobre a capacidade de elaborar argumentos em textos escritos, apontando que desde muito cedo elas são capazes de argumentar oralmente e de produzir textos escritos argumentativos.

Neste capítulo, nos envolveremos em reflexões sobre os tipos de intervenção didática que ajudam as crianças a desenvolver essas capacidades. Para isso, observamos aulas de professoras de três escolas públicas e uma particular e os textos dos alunos dessas professoras. As comparações que realizamos nos ajudarão a pensar sobre o cotidiano da sala de aula e sobre as melhores estratégias para ensinar os alunos a argumentar.

O que precisamos ensinar quando ensinamos os alunos a escrever textos da ordem do argumentar

No Capítulo 1, defendemos a ideia de que não existe um modelo de texto argumentativo ideal e nem critérios que definam, *a priori*, o que é um bom texto argumentativo. Nossa concepção é de que, dependendo das finalidades e dos gêneros textuais, os textos podem assumir diferentes formas. Bronckart (1999) nos alerta que, mesmo que possamos indicar algumas fases próprias do discurso argumentativo (ponto de vista, justificativa, justificativa da justificativa, refutação, resposta), essas fases não aparecem necessariamente em todos os textos, pois algumas delas podem estar implícitas e outras não serem usadas em determinadas situações. Por esse motivo, consideramos que, na escola, precisamos ajudar os alunos a aprender a diversificar os modos de defender seus pontos de vista, criando estratégias diversificadas para tal.

Para dar conta de uma tarefa tão complexa, precisamos, como fazemos em relação a qualquer objeto de ensino, indicar objetivos específicos que sejam contemplados nas atividades propostas e nas questões que levantamos ao discutirmos os temas.

Se considerarmos as fases acima citadas, podemos ter como metas ensinar os alunos a apresentar claramente seus pontos de vista, variando as estratégias e adequando-as às situações. Precisamos, também, ajudar os alunos a aprender a selecionar boas justificativas para convencer seus leitores, diversificando os modos de apresentá--las e utilizando variados recursos coesivos para construir a cadeia argumentativa. Precisamos, ainda, ajudar os alunos a refletir sobre os meios que podem usar para inserir no texto diferentes pontos de vista sobre os temas em questão e a contra-argumentar as objeções que possam surgir diante do ponto de vista deles.

Obviamente, permeando tudo isso, precisamos ajudar os alunos a desenvolver atitudes democráticas de respeito à fala do outro e atitudes críticas para reconhecer as falhas argumentativas nos discursos dos outros e nos seus próprios, podendo mudar de opinião quando for necessário.

Considerando que a argumentação é essencialmente dialógica e que emerge em situações em que diferentes pontos de vista sobre o assunto são possíveis, o trabalho pedagógico de reflexão sobre a construção dos contra-argumentos merece um espaço ampliado. Muitos estudos, no entanto, evidenciam a carência de estratégias de inserção de vozes de contra-argumentação nos textos infantis.

Por que a contra-argumentação é pouco utilizada como estratégia discursiva nos textos infantis?

Dentre as explicações para a baixa frequência de contra-argumentações na escrita infantil, podemos citar as hipóteses de Golder e Coirier (1994) que afirmam que o fenômeno pode ser explicado por diferentes razões: 1) crianças mais jovens não têm ainda domínio de processos cognitivos necessários à tarefa; ou 2) as operações são dominadas separadamente, mas as crianças são incapazes de coordená-las para produção de um texto elaborado; ou 3) as operações são dominadas, mas as crianças carecem de um modelo de comportamento argumentativo geral, particularmente a associação entre a meta e os constituintes do discurso.

Dentre as explicações desenvolvimentais, uma tem se destacado: esses autores apontam que o processo de contra-argumentação, na modalidade oral, emerge do interlocutor e que, no texto escrito, ele deveria ser trazido à tona pelo próprio produtor do texto. Para tal, o redator precisaria antecipar as possíveis objeções dos interlocutores, realizando operações de descentração. Golder e Coirier (1994, 1996) defendem que a capacidade de descentração só estaria plenamente desenvolvida em torno dos 13-14 anos.

Nessa mesma linha de raciocínio, Miller (1987b) aponta evidências de que as crianças jovens podem lidar com destinatário específico, mas só aos 14 anos elas se tornariam capazes de se referir a normas coletivas do grupo a que o ouvinte pertence.

Em suma, há suposições de que as dificuldades são oriundas da falta de capacidade de descentração para que os alunos possam "colocar-se no lugar do destinatário" e negociar com ele. Tal hipótese é fortalecida pelos estudos em que o percentual de produção de contra-argumentos entre crianças com menos de 12 anos é baixo. No entanto, dois aspectos referentes a tal questão precisam ser levantados. Em primeiro lugar, existem evidências de que crianças são capazes de recompor adequadamente textos argumentativos. Em segundo lugar, algumas pesquisas evidenciam que tais percentuais aumentam em situações nas quais as crianças precisam lançar mão do processo de contra-argumentação.

As crianças são capazes de recompor "textos argumentativos"?

Roussey e Gombert (1996), a fim de investigar se as crianças são capazes de reconhecer a valência argumentativa de sentenças, recompondo um texto argumentativo, trabalharam com 60 crianças francesas de 8 anos e dez estudantes universitários. As crianças eram alunas de sete classes de 3ª série e foram divididas em seis grupos. Uma primeira classificação foi quanto ao nível de escrita (mais hábeis e menos hábeis). Depois elas foram subdivididas em três grupos: grupo controle (sem nenhuma ajuda para realizar a tarefa de recomposição do texto argumentativo); grupo 1 (atividade em dupla, como forma de auxílio à tarefa de recomposição); grupo 2 (atividade individual, mas com uma tarefa prévia de classificação de sentenças).

No grupo 2, as crianças, inicialmente, fizeram uma tarefa de classificação de sentenças. A tarefa consistia em classificar sentenças em dois grupos: um que justificava o ponto de vista de que *É bom assistir televisão.* e o outro que justificava o ponto de vista oposto. A atividade era realizada no computador. Na tela apareciam três janelas: uma com a sentença 1 (*É bom assistir televisão*); outra com a sentença 2 (*Não é bom assistir televisão*); outra com sentenças a favor de um ou de outro ponto de vista apresentadas em ordem randômica, para que as crianças as colocassem na janela correspondente, classificando-as nas duas categorias.

Após essa tarefa, as crianças do grupo 2 faziam a mesma tarefa proposta para o grupo 1, grupo controle e grupo de referência (adultos universitários), que era a de recomposição de texto argumentativo (Título: criança e televisão). Nessa tarefa, eram apresentadas duas telas no computador. Na primeira, apareciam duas sentenças (sentença introdutória – premissa e sentença final – conclusão oposta à sentença da introdução). Na outra, apareciam mais seis sentenças (três argumentos de suporte justificativa; três contra-argumentos) e três conectivos argumentativos. As crianças podiam mover as sentenças de uma área para outra ou na mesma área. Antes do início da atividade, era realizado um breve treinamento para uso do programa.

Na tarefa de classificação de sentenças (grupo 2), os resultados foram muito significativos, pois apenas duas crianças menos hábeis hesitaram quanto à valência de uma sentença, que elas moveram de uma área para outra, e uma delas, após a hesitação, classificou essa sentença inadequadamente. Foi assim confirmada a hipótese de que as crianças são capazes de reconhecer a valência das sentenças.

Quanto à atividade de recomposição do texto argumentativo, os dados foram explorados mediante uma análise estatística de índice de similaridade entre as ordens da sentença. O grupo de referência (estudantes universitários) recompôs o texto integralmente e a ordem em que as sentenças foram postas serviu como modelo. Observou-se, por meio dessas análises, que as crianças mais hábeis produziram textos mais parecidos com o modelo-padrão produzido pelos estudantes universitários. No entanto, as análises sobre os efeitos das condições mostraram que os textos recompostos pelas crianças das três condições não foram significativamente diferentes. Assim, o que houve foi apenas o efeito de interação entre nível das crianças e condições. No grupo controle, não houve efeito da habilidade de escrita, o que parece indicar que o auxílio dado ajudou apenas as crianças mais hábeis.

As conclusões gerais apresentadas pelos autores conduzem à ideia de que "crianças de 8 anos de idade, independentemente do nível de habilidade de escrita, são capazes de processar a valência argumentativa de sentenças. A dificuldade começa quando elas precisam integrar semanticamente sentenças opostas em um texto coerente." (RUSSEY; GOMBERT, p. 298).

Andriessen, Coirier, Roos, Passerault e Bert-Erboul (1996) também mostraram que em situações em que as crianças eram solicitadas a selecionar argumentos para compor um texto, elas utilizavam contra-argumentação e que os textos foram melhores nas situações que exigiam tal operação.

Nesse estudo, os pesquisadores entregaram a crianças de 10 a 14 anos duas sentenças que deveriam ser postas como a primeira e a última sentença de um texto. Quanto à primeira sentença, duas condições foram planejadas. Na primeira foram apresentadas sentenças neutras e na segunda foram apresentadas sentenças que explicitavam um ponto de vista. Quanto à última sentença, era apresentado um ponto de vista oposto àquele apresentado na segunda condição descrita acima. Assim, as condições foram: 1) grupo Start/Goal as duas sentenças eram conflitantes; 2) grupo Goal only a sentença inicial era neutra.

O grupo Star/Goal era formado por 42 crianças holandesas: 21 crianças da 6ª série (final da escola elementar, com idades entre 10 e 12 anos) e 21 crianças da 7ª série (primeiro nível da escola secundária, com idades entre 12 e 14 anos). O grupo Goal only foi formado por crianças francesas, das quais 39 eram da 6ª série (10/11 anos) e 41 da 7ª série (12/13 anos).

A proposta de que compusessem um texto utilizando as duas sentenças citadas era acompanhada de várias opções de sentenças que deveriam ser selecionadas e colocadas em uma ordem na composição do texto. Tal seleção poderia ser feita em duas condições diferentes. Na primeira condição (alternativas sequenciais), eram apresentados, em ordem, seis blocos de quatro sentenças para que as crianças escolhessem uma de cada vez. Na segunda condição, as crianças recebiam uma lista de 24 sentenças para escolher as 6 que iriam compor o texto. Cada criança escreveu quatro textos, dois em cada condição.

Na análise dos textos das crianças, os autores identificaram três tipos de estratégias: a) seleção local, na qual as escolhas eram realizadas com base na sentença prévia; b) seleção intermediária, na qual todas as seleções eram realizadas segundo um mesmo ponto de vista; (c) seleção global, na qual as sentenças eram escolhidas de forma a que o leitor era conduzido ao ponto de vista da sentença final, ou seja, com refutações da sentença inicial e defesa da posição defendida na sentença final.

Os resultados apontaram que a estratégia de seleção global foi mais frequente quando na sentença inicial havia um ponto de vista explícito e era conflitante com o ponto de vista da sentença final (58,3% na condição de seleção em uma lista; 36,9% na situação sequencial) do que quando a sentença inicial era neutra (13,8% na situação de lista e 15,6% na situação sequencial).

Esses estudos evidenciaram que as crianças são capazes de reconhecer a valência das sentenças dadas, identificando aquelas que dão suporte aos diferentes pontos de vista. Ou seja, elas podem identificar as que servem para fortalecer ou para enfraquecer uma tese a ser defendida. No entanto, a utilização dessas sentenças para recomposição de um texto sofreu efeitos das condições da tarefa.

Segundo Roussey e Gombert (1996), mesmo sendo capazes de reconhecer a valência das sentenças, algumas crianças tiveram dificuldade em integrá-las em um texto. Andriessen *et al.* (1996) mostraram, porém, que na condição em que as crianças precisavam integrar tais sentenças (condição em que os pesquisadores inseriram no texto pontos de vista opostos e os sujeitos tinham que completá-lo, integrando novas sentenças), elas o fizeram. Parece-nos, portanto, que as crianças são capazes de recompor um texto argumentativo com justificativa e contra-argumento quando precisam fazê-lo.

As crianças são capazes de recompor um texto argumentativo!
E elas são capazes de gerar contra-argumentos?

Outro estudo, realizado por Marchand (1993), também parece corroborar a ideia de que em situações em que é necessário inserir contra-argumentos os alunos demonstram tal capacidade. Alunos de diferentes idades (12, 14 e 17) foram convidados a compor um texto curto conectando dois pontos de vista de forma coerente (correr é útil... correr é perigoso). Diante dessa proposta, uma solução mínima seria introduzir um argumento a favor de uma assertiva, um argumento a favor de outra assertiva (contra-argumentação) e um conectivo adversativo. Apresentaram esse esquema completo 55% dos sujeitos de 12 anos de idade, 69% dos de 14 anos e 87% dos de 17 anos. Ou seja, nessa situação, mais da metade das crianças de 12 anos foram capazes de apresentar contra-argumento.

Por fim, um último estudo, também com o mesmo intento dos outros, apontou tendências semelhantes. De Bernardi e Antolini (1996) dividiram 394 crianças e adolescentes italianas da 3ª série (média = 9 anos e 4 meses), 5ª série (média = 11 anos e 5 meses), 7ª série (média = 13 anos e 4 meses) e 11ª série (média = 17 anos e 6 meses) em três grupos. Cada grupo foi solicitado a escrever um texto atendendo a um comando diferente. O grupo A precisava produzir um texto a partir da sentença *É bom que todos usem seu próprio carro para ir para o trabalho?*. Os sujeitos do grupo B recebiam a seguinte orientação: *Algumas pessoas acham correto ir ao trabalho de ônibus ou transporte público. Outras, pelo contrário, acham melhor usar seu próprio carro. O que você pensa sobre isso, e por quê*. Aos sujeitos do grupo C eram fornecidas duas sentenças (a primeira e a última do texto: *É útil utilizar o próprio carro para ir ao trabalho. Portanto, eu acho que utilizar um transporte público é a melhor forma de ir ao trabalho*) para que eles escrevessem o restante do texto. Como se pode observar, as diferenças entre as três condições eram apenas em relação ao comando dado. No primeiro comando, não havia nenhuma referência a pontos de vista diferentes. Para o segundo grupo, era explicitado que existiam pontos de vista diferentes para o dilema. Quanto ao terceiro grupo, a solução para o problema passava, necessariamente, pela incorporação de dois pontos de vista em um mesmo texto, obrigando o redator a conectar os pontos de vista por meio do movimento de justificativas, negociações e uso de conectores linguísticos.

Foram encontrados, no estudo, seis tipos de textos: 0) o título é colocado, mas não é desenvolvido; 1) só ponto de vista, sem justificativa; 2) proposição e oposição são mencionadas, mas não há conexão explícita entre eles no texto ou a conexão se dá por conjunções simples; 3) apenas proposição ou oposição é apresentada, mas com justificativa; 4) proposição e oposição são apresentadas, justificadas e/ou contrastados por dados; 5) proposição e oposição são argumentadas por dados e justificativas e algumas relações entre dois argumentos são desenvolvidas por meio de índices linguísticos apropriados; 6) diferentes comparações são identificadas entre pontos de vista e expressados por índices linguísticos apropriados.

Os resultados gerais apontaram que na 3ª série (9 anos) houve maior frequência de texto do tipo 1 (44,3%), havendo, ainda, 19,3% de crianças classificadas no tipo 0 (Título sem desenvolvimento). Poderíamos, diante do resultado apresentado, supor que as crianças podem ter alguma dificuldade mais geral em produção de textos e não especificamente em produção de textos argumentativos. Na 5ª (11 anos) e 7ª (13 anos) séries, a prevalência foi de textos do tipo 2 (36,4% e 29,9%), mostrando a presença de contra-argumentos sem articulação explícita no interior do texto. Na 11ª série (17 anos), o texto tipo 6 (mais elaborado) foi mais frequente (36,4%).

Na discussão sobre a presença de contra-argumentos em textos de crianças, pode-se acrescentar os dados de que na 5ª série, 58% dos textos continham contra-argumento e na 7ª série, 75,9%. Além desse dado, pode-se considerar que na condição B, em que pontos de vista diferentes eram explicitados no comando, o tipo de texto mais frequente foi o 2 (39,1%), indicando presença de contra-argumentos, e o somatório dos tipos 4, 5 e 6 compreendia metade dos sujeitos. Nas condições C e A, as porcentagens de textos contendo oposições foram bem mais baixas, pois a maior parte dos textos foi do tipo 1 (33,1%) e 3 (23,7%).

O efeito da condição ficou claro quando se analisaram, principalmente, os dados da 3ª série, pois 76,7% dos textos da condição B foram do tipo 2, em que proposição e oposição eram mencionadas, ao passo que na condição A e C, a maior parte recaiu no tipo 1 (56,6% na condição A e 73,4% na condição C). Assim, entre as crianças mais jovens, foram encontrados 29,5% de textos com contra-argumentos, e desse total 90% foi produzido na condição B, mostrando que essas crianças, nas outras condições, não mostravam a capacidade de utilizar tal recurso.

Esses resultados podem estar mostrando que quando a situação exige que os alunos adotem a contra-argumentação, eles são capazes de operar por meio de negociação. Não podemos nos esquecer, no entanto, de que as situações de produção propostas nos estudos relatados induzem ao uso de tal estratégia, pois, caso ela não fosse seguida, os textos, na condição em que a sentença final e a inicial fossem opostas, ficariam sem sentido. Em relação ao estudo de Andriessen *et al.* (1996), podemos colocar a hipótese de que, sendo a primeira sentença neutra, os alunos não usariam contra-argumentação porque considerariam que não seria necessário, assim como aconteceu com o grupo A do estudo de De Bernardi e Antolini (1996), em que o aluno resolvia a tarefa apenas justificando seu ponto de vista.

Outro estudo em que tal imposição ocorreu foi conduzido por Vasconcelos (1998). A fim de investigar se crianças são capazes de elaborar contra-argumentos em textos escritos que necessariamente veiculam mais de uma voz (mais de um ponto de vista), Vasconcelos (1998) solicitou que 48 alunos de 2ª (8/9 anos), 4ª (10/11 anos) e 7ª (13/14 anos) séries de uma escola particular situada em Recife dessem continuidade a uma narrativa na qual duas crianças (duas personagens) divergiam a respeito de uma situação específica. As atividades realizadas na própria escola, no horário regular de aula, consistiam em produção de texto oral e escrito. Nos comandos dados, as crianças recebiam um início de um texto (lido pela examinadora na primeira situação e entregue ao aluno na segunda situação) em que duas personagens[1] viram um colega fumando na escola e estavam discutindo sobre se deveriam ou não dizer à professora. Na atividade oral, os sujeitos deveriam responder três questões: 1) O que Maria podia explicar para convencer Sílvia a contar para a professora?; 2) O que Sílvia podia explicar para convencer Maria a não contar para a professora? 3) Na sua opinião, você concorda com Maria ou com Sílvia?). Na proposta escrita, a instrução foi: "Escreva como os dois alunos vão convencer um (Mário) ao outro

---

[1] Para alguns alunos, os personagens eram Maria e Sílvia, e para outros, Mário e Sílvio.

(Sílvio) até que eles cheguem a um acordo sobre a dúvida: contar ou não contar à professora".[2]

Os dados extraídos da atividade oral mostraram que todos os sujeitos (exceto um aluno da 4ª série) apresentaram ponto de vista, justificativa e contra-argumento. Na atividade escrita, no entanto, foram observadas diferenças entre os grupos. Quanto à produção de justificativas, observou-se que 100% dos alunos de 7ª série justificaram seus pontos de vista, seguidos de 81% dos alunos de 2ª série e 76% dos de 4ª série. Em relação aos contra-argumentos, 100% dos de 7ª série apresentaram esse elemento em contraposição a 56% dos de 2ª série e 53% dos de 4ª série. A análise das respostas aos contra-argumentos também foi feita e observou-se que 80% dos alunos de 7ª série, 37% dos de 2ª série e 23% dos de 4ª série refutaram as restrições apresentadas.

A partir desses resultados, a autora concluiu que a hipótese de que as crianças não apresentam contra-argumentação porque ainda não são capazes de descentração é questionável, pois, na atividade oral, elas tiveram de se colocar em lugar de um oponente e imaginar suas possíveis objeções de modo semelhante ao que seria feito na modalidade escrita.

Em relação à atividade escrita, a autora chama atenção para o fato de que o percentual de 56% de crianças de 2ª série apresentando contra-argumentação supera os dados apontados nos estudos de Golder e Coirier (1994, 1996) e, acrescentamos nós, de outros autores (LEITÃO; ALMEIDA, 2000; SANTOS, 1997), o que pode estar evidenciando o efeito das condições de produção textual e/ou familiaridade com o gênero textual.

Em suma, os estudos descritos neste bloco parecem indicar que as crianças são capazes de gerar contra-argumentos, mas que o fazem mais em condições em que são induzidas a isso. Ou seja, quando a situação exige a explicitação de contra-argumentos, as crianças atendem a essa exigência.

---

[2] Para os alunos da 2ª série, a orientação era completa; para os demais, foi eliminada a última parte do comando (contar ou não à professora?)

Se as crianças são capazes de gerar contra-argumentos, por que o fazem com pouca frequência?

Uma das hipóteses para a baixa frequência de inserção de contra-argumentos nos textos infantis é a dificuldade de organização das ideias no "texto argumentativo", ou seja, a dificuldade residiria na estrutura desse tipo textual.

Leitão e Almeida (2000), tentando investigar o efeito do tipo de texto sobre o desempenho das crianças, realizaram um estudo em que compararam a escrita de textos produzidos por 157 crianças e adolescentes (2ª, 4ª e 7ª séries) em quatro diferentes condições. As condições A e B constavam da produção de um texto em que eles deveriam se posicionar diante de um dilema (texto opinativo). Na condição A, o tema foi: "Quem deveria escolher os programas a que as crianças assistem na TV? Os pais ou os filhos"? Na condição B, o tema foi: "Ao ver um colega fumando na escola, um aluno deveria ou não contar à professora"?

Nas outras condições, de modo similar ao estudo de Vasconcelos (1998), as crianças recebiam o início de uma narrativa em que dois personagens divergiam em relação a um tema, e elas deveriam dar continuidade ao texto, escrevendo o diálogo entre as personagens. Na condição C, duas personagens discutiam sobre se os pais ou os filhos deveriam escolher os programas a que as crianças assistem na TV. Na condição D, duas personagens discutiam sobre se deveriam ou não contar à professora que viram um colega fumando na escola.

Os resultados apontaram que não houve efeito do tema nem do tipo de texto (opinativo X narrativo dialogado) sobre a quantidade de contra-argumentos, mas apenas sobre o número de justificativas. Foram produzidas mais justificativas nos textos sobre o cigarro do que nos textos sobre televisão e nos textos opinativos mais do que nos narrativos.

O fato de não ter sido efeito, quanto à quantidade de contra-argumentos, do comando para elaboração textual (opinativo X narrativo dialogado), leva-nos a pensar que as dificuldades não parecem ser decorrentes simplesmente da maior complexidade da estrutura do texto dissertativo – argumentativo, pois nesse caso os textos narrativos dialogados não foram mais consistentes do ponto de vista argumentativo.

A fim de aprofundar tais questões, podemos citar uma pesquisa realizada com dez estudantes universitários, em que Mattozo (1998) analisou os textos produzidos pelos sujeitos e o processo de construção textual por meio de dois processos: gravação da voz dos sujeitos que explicitavam o que estavam pensando e gravação em vídeo das marcas de refacção no computador.

Os dados mostraram que os textos dos alunos tinham mais elementos de justificação do que de contra-argumentação, considerando, inclusive, a quantidade de palavras utilizadas para um ou outro procedimento. No entanto, um dado interessante foi apontado: em relação à produção de justificativas, observou-se que a quantidade de justificativas explicitadas durante o processo de produção foi similar à quantidade de justificativas presentes no texto final; ao passo que, em relação à produção de contra--argumentos, isso não ocorreu. "Alguns contra-argumentos produzidos durante o texto em processo não se materializaram na forma escrita do texto final." (VASCONCELOS 1998, p. 99.)

Esses resultados são indícios de que é possível que a ausência ou a carência desses elementos no texto escrito não seja decorrência de inabilidades nas operações cognitivas necessárias a tal atividade, nem ao maior grau de dificuldade desse tipo textual, e sim a mecanismos relacionados às tomadas de decisões dos redatores sobre o que deve ser registrado.

Essas hipóteses são alimentadas por estudos que mostram que crianças podem ter diferentes critérios para julgar textos argumentativos. Golder e Coirier (1994) realizaram um estudo com 115 sujeitos de 10 a 16 anos, assim distribuídos: 23 da 5ª série (10/11 anos); 27 da 6ª série (11/12 anos); 27 da 8ª série (13/14 anos); e 38 da 10ª série (15/16 anos). Foram realizadas quatro tarefas: escrita de texto argumentativo; ordenação de sentenças formando texto argumentativo; tarefa de inferência de situação argumentativa; representação prototípica do texto argumentativo, dentre as quais discutiremos uma abaixo.

A última tarefa citada consistiu do julgamento de textos quanto à sua natureza argumentativa (representação prototípica do texto argumentativo). Foram apresentados 18 textos (com apenas três ou quatro sentenças), com seis graus de argumentatividade. Os textos eram denominados "pré-argumentativos" quando não tinham ponto de vista (grau 1) ou quando apresentavam ponto de vista sem justificativa (grau 2). Os textos categorizados na classe "argumentação mínima" eram aqueles que tinham justificativas baseadas na experiência individual (grau 3) ou na experiência coletiva e nos valores comuns (grau 4). Os textos descritos como "argumentação elaborada" foram aqueles que apresentaram marcas de contra-argumentação (grau 5) e os que, além das marcas de contra-argumentação, contiveram modalizadores (grau 6).

Foi observado que a justificação é um elemento importante para o reconhecimento de que o texto é argumentativo, mas a capacidade de diferenciar um texto argumentativo de um pré-argumentativo é incrementada apenas aos 15/16 anos. A argumentação elaborada, com negociação e uso de modalizadores, era identificada pelos sujeitos como evidência de incerteza, argumentação insuficiente ou não argumentação. Ou seja, é possível que a não inserção da contra-argumentação esteja relacionada à ideia de que assim o ponto de vista pode parecer pouco claro ou que o autor está evidenciando suas próprias incertezas.

Outro aspecto a ser discutido em relação a tal questão é a própria intervenção didática quanto à produção de argumentos. Marchand (1993) formula a hipótese de que as mudanças nas operações psicolinguísticas ocorrem entre 10 e 14 anos em decorrência da intervenção escolar que começa a dar importância aos mecanismos de justificação de pontos de vista e à capacidade de abandonar um ponto de vista ao levar o ouvinte em conta.

Concebemos, a esse respeito, que as representações sobre a escola e sobre as atividades escolares também podem ter interferência sobre tais fenômenos. Pécora (1999), em um estudo em que analisou textos de candidatos ao concurso vestibular e de alunos universitários, apontou que muitas dificuldades dos adolescentes em elaboração textual são decorrentes das imagens criadas a respeito da escrita durante o processo de escolaridade.

Assim, alertamos para a necessidade de acrescer às discussões postas sobre as capacidades das crianças aqui apresentadas, reflexões sobre o contexto de produção desses textos. Nas discussões anteriores sobre argumentação, apontamos que as situações nas quais precisamos defender um ponto de vista são muito diversas e que a partir das imagens que construímos sobre as finalidades, os destinatários e o próprio contexto de produção desenvolvemos diferentes estratégias argumentativas. Nesse bojo, consideramos como parte desse contexto de produção nossas próprias capacidades e conhecimentos prévios relativos a essa situação. Consequentemente, concebemos que as diferentes estratégias argumentativas emergem nos diferentes contextos de uso da linguagem e que essa diversidade é condicionada historicamente.

Perelman e Olbrechts-Tyteca [1958] (1999, p. 221), por exemplo, já citavam que "muitos ficam surpresos [...] de que a argumentação quase – lógica, explicitamente baseada nas estruturas matemáticas, tenha sido muito mais apreciada outrora, especialmente entre os antigos, do que o é hoje". Não devemos, pois, esquecer o caráter sócio-histórico e cultural da construção dos diferentes gêneros textuais.

É necessário fazer algumas reflexões sobre as situações de produção de textos em que os alunos precisavam defender um ponto de vista a fim de que entendessem melhor "as possíveis dificuldades" apontadas pelas pesquisas neste capítulo. Salientamos que é fundamental inserirmos as discussões sobre o contexto escolar para melhor compreendermos as estratégias discursivas utilizadas pelas crianças e adolescentes na produção de textos.

Wertsch (1991, p. 53) chama a atenção para o fato de que, ao falar sobre interlocutor, " Bakhtin não limitou a noção de endereçamento para apenas aqueles falantes da situação imediata [...] a voz ou vozes para os quais o discurso é endereçado podem ser temporariamente, espacialmente e socialmente distantes".

Nesse postulado está claramente posto o princípio da dialogia defendido por Bakhtin (2000), ou seja, a ideia de que todo texto, quando produzido, integra uma rede de comunicação, constituindo-se, então, como réplica a outros enunciados. No caso do texto escrito, ocorre, geralmente, uma atitude responsiva de ação retardada.

Assim, um texto produzido na instituição escolar configura-se como uma resposta aos outros textos já lidos/produzidos/analisados nessa instituição. Conforme explicitado por Bakhtin (2002, p. 14), a fala e, acrescentamos nós, a escrita, é "indissoluvelmente ligada às condições da comunicação, que, por sua vez, estão sempre ligadas às estruturas sociais". Dessa forma, "no ato de comunicação verbal, cruzam-se as condições dos sujeitos e as condições de adequação dos discursos aos contextos em que estes ocorrem" (SILVA, 1999, p. 3).

E os efeitos da prática pedagógica? Relato de uma investigação

Para analisar se os diferentes tipos de práticas de ensino têm influências sobre as capacidades de produção de textos da ordem do argumentar, realizamos um estudo em que observamos aulas de professoras de 2ª a 4ª séries e textos produzidos pelos alunos dessas professoras.

Na fase inicial deste estudo, foi realizada uma atividade de produção de texto de opinião em três escolas públicas e uma escola particular da Região Metropolitana do Recife (PE), tal como expusemos no Capítulo 2. Depois dessa coleta dos textos, realizamos três observações de aula de cada uma das onze professoras.

Os tipos de análises que fizemos dos textos dos alunos foram expostos no Capítulo 2. Neste Capítulo, comparamos esses resultados por turma e série, considerando a presença de justificativas nos textos, a presença de justificativa da justificativa e a presença de contra-argumentação.

Para fazer as observações de sala de aula, explicamos às professoras que estávamos fazendo uma pesquisa e que precisávamos observar aulas de produção de textos. As professoras marcaram as aulas e nós fizemos as visitas nos horários combinados. As aulas das professoras foram gravadas e analisadas. Depois que traçamos os perfis das professoras, fizemos a divisão quanto ao tipo geral de intervenção, quanto aos tipos de reflexão que faziam durante as aulas, quanto aos tipos de comandos dados e quanto aos tipos de reflexão sobre argumentação, quando a tarefa proposta favorecia tais reflexões.

Em relação ao tipo de intervenção, foram encontrados dois grupos de professoras: as que propunham atividades de escrita em que o texto era concebido como sequência de informações ou fatos, sem referência em outras práticas sociais de uso da língua (negação da comunicação); e as que veiculavam uma concepção de texto como objeto de ensino e de interação, propondo, em algumas aulas, situações miméticas às da vida cotidiana. Houve a predominância de aulas desse último tipo citado.

A análise desses tipos de intervenção foi fundamental para nossos propósitos, porque concebemos que, no momento da produção de um texto, o escritor se apoia nas representações que ele tem a respeito do que é um texto e do que esperam dele naquela instituição onde ele produz o texto. Concebemos, portanto, que as finalidades e os interlocutores são representados por meio das expectativas criadas quanto ao lugar de onde se enuncia e ao momento da enunciação. Na escola, os alunos aprendem que os professores esperam que eles atendam às exigências da instituição que tem por função "ensinar", conforme vimos nos dados analisados.

Interpretamos, também, que quando as professoras realizam atividades miméticas às realizadas fora da escola, elas conduzem os alunos a usar as ferramentas que eles já dispõem no contexto extraescolar, pois deixam transparecer que as estratégias usadas em outros espaços de interlocução podem ser "aceitas" como legítimas pela comunidade escolar.

Ainda nesse tema, foram realizadas incursões sobre os tipos de reflexão que eram conduzidos em sala de aula. Dois tipos de aula foram identificados: aquele em que não havia reflexão sobre o texto a ser produzido ou em que as reflexões se restringiam a aspectos gramaticais ou estruturais; e aquele em que havia, também, reflexões sobre aspectos sociodiscursivos, mesmo que superficiais. Metade das professoras foi classificada em cada grupo citado.

Supomos que as reflexões conduzidas em sala de aula podem ajudar os alunos a construir as representações sobre as expectativas das professoras enquanto mediadoras das situações e a ativar as representações sobre os interlocutores que estão fora da esfera escolar de interação.

Essa análise nos possibilitará debater sobre os dilemas apresentados por Dolz e Schneuwly (1996) entre os modelos denominados "interacionismo intersubjetivo" (VINSON; PRIVAT, 1994, *apud* DOLZ; SCHNEUWLY, 1996) e "interacionismo instrumental" (DOLZ, 1994).

Vinson e Privat (1994, *apud* DOLZ; SCHNEUWLY, 1996) defendem que a aprendizagem sobre os textos dá-se naturalmente por meio da interação entre o aluno e as propriedades culturais do gênero, ao passo que Dolz (1994) propõe uma intervenção mais sistemática do professor que implique reflexão sobre as características dos textos e seus contextos de uso. Faremos, neste capítulo, uma análise dos efeitos da reflexão conduzida pelas professoras a respeito dos gêneros textuais e/ou contexto de produção sobre os textos dos alunos.

Além das análises gerais das aulas, em que buscamos apreender os tipos de intervenção e de condução das atividades, consideramos importante investigar os próprios comandos para as tarefas de escrita.

Os dados levaram-nos a identificar três tipos de comandos básicos: aqueles em que não havia indicação de finalidade, para onde convergiram as professoras cujo tipo de intervenção era a negação da comunicação; aqueles que indicavam a finalidade, mas oscilavam quanto à indicação de gênero e interlocutor; e os que indicavam finalidade, gênero e interlocutor. Metade das professoras foi classificada nesse último grupo.

Essas análises foram fundamentais porque observamos uma tensão entre objetivos didáticos das professoras e finalidades de escrita. Tal tensão é típica dessa esfera de produção de texto, pois a escola é a instituição responsável por ensinar a ler e a escrever. Assim, a atividade de escrita ganha uma dimensão diferenciada das interlocuções fora desse ambiente. O gênero textual, nesse contexto, é gênero para interagir e para aprender a escrever, e os destinatários, por mais diversos que sejam, não são imunes às marcas do processo de escolarização. O professor é um interlocutor real do texto, que pode mediar as relações entre o aluno e os demais interlocutores. Diz-se ao interlocutor aquilo que se acha que o professor pensa que deve ser dito e da forma como ele pensa que deve ser dito. Apesar dessa imposição escolar de um interlocutor permanente – o professor e, muitas vezes, do grupo-classe –, observamos a indicação de outros interlocutores, que parecem impulsionar os alunos a adaptar o texto a outras esferas de interação, mesmo que com as marcas do contexto escolar. Ter o professor como único interlocutor pode levar o aluno a manter o texto ancorado na situação imediata de produção que é conhecida por esse interlocutor.

Formulamos a hipótese, portanto, de que os alunos que escrevem na escola para outros interlocutores tendem a aproximar mais os textos das situações vividas fora da escola e a desenvolver estratégias diversificadas para lidar com destinatários e finalidades diferentes.

Por fim, exploramos os relatórios de aula, buscando apreender os momentos em que a produção de argumentos no texto escrito era de alguma forma incentivada ou favorecida. Em relação a tal aspecto, encontramos três tipos de aula: aquelas em que não havia favorecimento à explicitação de argumentos, pela natureza da atividade proposta; aquelas em que poderia haver favorecimento à produção de argumentos sem que o professor fizesse qualquer menção a tal possibilidade; aquelas em que havia favorecimento à produção de argumentos, com reflexões sobre a importância de convencer o interlocutor. Na maior parte das aulas não houve situações em que os alunos iriam produzir argumentos em textos escritos. No entanto, encontramos em quatro professoras tentativas de estimular os alunos a desenvolver estratégias de argumentação.

As aulas em que aconteceram as discussões sobre a produção de argumentos caracterizaram-se, sobretudo, pela indicação no comando de finalidades reais ou imaginárias em gêneros textuais classificadas por Dolz e Schneuwly (1996) como agrupamento da ordem do argumentar: carta-convite, carta de pedido, texto de opinião, anúncio, propaganda. Em todas as situações houve referência/discussão sobre a importância de pensar no interlocutor. Na verdade, os próprios gêneros textuais já impunham tal preocupação[3].

Salientamos que nas aulas dessas professoras não houve uma reflexão mais detalhada sobre as diferentes estratégias argumentativas possíveis e nenhuma referência à possibilidade de inserção das diferentes vozes no texto. Não houve, sequer, levantamento sistemático dos diferentes pontos de vista sobre as questões propostas. Assim, nessas aulas, houve a explicitação de que era necessário justificar o ponto de vista, mas não houve atenção ao processo de contra-argumentação.

Perguntamos, então: Essas diferenças entre as professoras causavam diferentes tipos de capacidades nos alunos? Ou seja, que tipos de práticas pedagógicas auxiliam os alunos a desenvolver capacidades argumentativas?

Houve influência do tipo de intervenção sobre a inserção de justificativas nos textos?

Para iniciar, tomaremos como foco a presença de justificativas nos textos dos alunos. Primeiramente, cruzaremos tal dado com o tipo de intervenção didática já discutido: negação da comunicação e texto como objeto de interação.

TABELA 2
Frequência de textos com justificativas por tipo de intervenção didática

JUSTIFICATIVA	TIPO DE INTERVENÇÃO				TOTAL	
	Negação da comunicação		Texto como objeto de interação			
	Freq.	%	Freq.	%	Freq.	%
Presença	41	87,2	93	85,3	134	85,9
Ausência	6	12,8	16	14,7	11	14,1
Total	47	100,0	109	100,0	156	100,0

---

[3] Uma das professoras solicitou a escrita de uma dissertação-argumentativa. No entanto, as orientações da atividade e o comando delimitavam o gênero a ser produzido: "comentários sobre um livro".

Conforme já era esperado, não houve efeito do tipo de intervenção sobre a presença de justificativas nos textos, pois, como já dissemos no Capítulo 2, os alunos usaram esse componente textual sem dificuldade. Não houve, também, efeito dessa variável sobre a presença de justificativa da justificativa.

TABELA 3
Frequência de textos com justificativas das justificativas por tipo de intervenção didática

JUSTIFICATIVA DA JUSTIFICATIVA	TIPO DE INTERVENÇÃO				TOTAL	
	Negação da comunicação		Texto como objeto de interação			
	Freq.	%	Freq.	%	Freq.	%
Presença	20	42,6	49	45,0	69	44,2
Ausência	27	57,4	60	55,0	87	55,8
Total	47	100,0	109	100,0	156	100,0

Diante desses resultados, buscamos averiguar se houve efeito da presença ou ausência de atividades de reflexão sobre os aspectos sociodiscursivos. Observamos que também não houve efeito significativo desse aspecto da prática pedagógica sobre a presença de justificativas.

TABELA 4
Frequência de textos com justificativas por presença ou ausência de reflexão sobre aspectos sociodiscursivos em sala de aula

JUSTIFICATIVA	REFLEXÃO EM SALA DE AULA SOBRE ASPECTOS SOCIODISCURSIVOS				TOTAL	
	Ausência		Presença			
	Freq.	%	Freq.	%	Freq.	%
Presença	52	81,3	82	89,1	134	85,9
Ausência	12	18,8	10	10,9	22	14,1
Total	64	100,0	92	100,0	156	100,0

Em relação à inserção de justificativa da justificativa, apesar de ser observada uma diferença entre os grupos, é muito pequena, não chegando a ser estatisticamente significativa.

TABELA 5

Frequência de textos com justificativa da justificativa por presença ou ausência de reflexão sobre aspectos sociodiscursivos em sala de aula

JUSTIFICATIVA DA JUSTIFICATIVA	REFLEXÃO EM SALA DE AULA SOBRE ASPECTOS SOCIODISCURSIVOS				TOTAL	
	Ausência		Presença			
	Freq.	%	Freq.	%	Freq.	%
Presença	24	37,5	45	48,9	69	44,2
Ausência	40	62,5	47	51,1	87	55,8
Total	64	100,0	92	100,0	156	100,0

Não tendo encontrado efeito do tipo geral de intervenção nem da presença de reflexões sobre aspectos sociodiscursivos sobre a capacidade de apresentar justificativa e justificativa da justificativa, passamos a analisar se havia efeitos dos tipos de comandos aos quais as crianças eram mais acostumadas a atender. Como já dissemos, as turmas foram divididas em três blocos: turmas orientadas por professoras que não indicavam finalidades, gêneros textuais nem interlocutores para produção dos textos; turmas em que as professoras indicavam finalidades, mas oscilavam quanto à indicação dos gêneros textuais e destinatários; e turmas em que havia indicação clara das finalidades, gêneros textuais e interlocutores. A TAB. 6 mostra a distribuição dos textos com justificativas por tipos de comandos.

TABELA 6
Distribuição dos textos por presença ou ausência de justificativa e tipos de comandos dados nas aulas de produção de textos

JUSTIFICATIVA	TIPOS DE COMANDOS NAS AULAS DE PRODUÇÃO DE TEXTOS						TOTAL	
	Sem indicação de finalidades, gêneros textuais nem interlocutores		Com indicação de finalidades, mas oscilando quanto à indicação dos gêneros textuais e interlocutores		Com indicação de finalidades, gêneros textuais e interlocutores			
	Freq.	%	Freq.	%	Freq.	%	Freq.	%
Presença	26	81,3	25	100,0	83	83,8	134	85,9
Ausência	6	18,8	--	--	16	16,2	22	14,1
Total	32	100,0	25	100,0	99	100,0	156	100,0

A análise da tabela mostra que houve discreta diferença entre os grupos quando foram comparadas as turmas em que as professoras indicavam as finalidades nas atividades de escrita. No entanto, essa diferença também não foi estatisticamente significativa.

Foi positivo, porém, o efeito dessa variável sobre a presença de justificativas das justificativas nos textos dos alunos. O grupo 2 concentrou o maior percentual de textos com justificativa da justificativa (64%), em contraposição ao grupo em que não havia, nas aulas de produção de textos, delimitação de finalidade, gênero ou interlocutor (31,3%). Com isso, encontramos uma das causas das variações entre as turmas. Esses resultados dão indícios de que a variação de finalidades em aulas de produção de textos pode levar os alunos a diversificar as estratégias de argumentação e, mais especificamente, a usar procedimentos de justificação em que se desenvolve uma cadeia argumentativa explícita. Nas análises dos textos das crianças evidenciamos que a inserção de justificativa da justificativa está intimamente relacionada às representações sobre a situação de interação e possibilidades de rejeição dos argumentos apresentados, seja pela desconfiança de que o interlocutor não aceita a justificativa como relevante para o ponto de vista defendido, seja pela desconfiança de que o interlocutor pode considerar que a justificativa não é aceitável.

TABELA 7
Distribuição dos textos por presença ou ausência de justificativa da justificativa e tipos de comandos dados nas aulas de produção de textos

JUSTIFICATIVA DA JUSTIFICATIVA	TIPOS DE COMANDOS NAS AULAS DE PRODUÇÃO DE TEXTOS							
	Sem indicação de finalidades, gêneros textuais nem interlocutores		Com indicação de finalidades, mas oscilando quanto à indicação dos gêneros textuais e interlocutores		Com indicação de finalidades, gêneros textuais e interlocutores		TOTAL	
	Freq.	%	Freq.	%	Freq.	%	Freq.	%
Presença	10	31,3	16	64,0	43	43,4	69	44,2
Ausência	22	68,8	9	36,0	56	56,6	87	55,8
Total	32	100,0	25	100,0	99	100,0	156	100,0

Por fim, tentamos analisar se havia algum efeito das atividades de reflexão sobre os processos de argumentação nas aulas observadas sobre a introdução de justificativas nos textos. Nesse aspecto, lembramos que, embora as turmas tenham sido divididas em três grupos, interessam-nos mais as comparações entre os grupos 2 e 3.

Relembrando: no grupo 1, foram classificadas as turmas em que as professoras não sugeriram nenhuma atividade, nas três aulas observadas, em que fosse importante discutir sobre questões relacionadas à argumentação, pois as finalidades textuais não orientavam para a construção de sequências argumentativas; o grupo 2, de outro lado, foi constituído por turmas em que, apesar de a atividade possibilitar a realização de reflexões sobre a argumentação, isso não ocorreu; o grupo 3, por fim, foi constituído pelas turmas em que as professoras realizaram atividades de reflexão sobre aspectos da argumentação no texto escrito. A TAB. 8 mostra os resultados encontrados em relação a tal aspecto.

TABELA 8

Frequência de textos com justificativa por tipo de intervenção sobre argumentação

JUSTIFICATIVA	TIPOS DE INTERVENÇÃO DIDÁTICA SOBRE ESTRATÉGIAS ARGUMENTATIVAS							
	Não realizou atividade em que os alunos precisassem defender pontos de vista		Realizou atividades em que poderia explorar as estratégias argumentativas, mas não o fez		Realizou atividades de exploração das estratégias para argumentar e convencer os leitores		TOTAL	
	Freq.	%	Freq.	%	Freq.	%	Freq.	%
Presença	46	93,9	26	72,2	62	87,3	134	85,9
Ausência	3	6,1	10	27,8	9	12,7	22	14,1
Total	49	100,0	36	100,0	71	100,0	156	100,0

Comparando os grupos 2 e 3, percebemos que houve maior percentagem de texto com justificativa no grupo em que as professoras realizavam reflexões sobre as estratégias argumentativas, quando a situação favorecia (87,3%) do que quando elas não aproveitavam essas oportunidades (72,2%). Em relação ao grupo 1, não podemos chegar a conclusões sobre se eles realizam tais discussões porque as atividades realizadas não eram adequadas a esses propósitos.

Em relação à inserção de justificativa da justificativa nos textos, novamente tais tendências foram observadas (TAB. 9). Textos com justificativa da justificativa foram mais frequentes nas turmas em que as professoras promoviam discussões e reflexões sobre argumentação, quando a situação favorecia (45,1%), do que nas turmas em que isso não acontecia (33,3%). No entanto, essas diferenças não foram estatisticamente significativas.

TABELA 9

Frequência de textos com justificativa da justificativa por tipo de intervenção sobre argumentação

JUSTIFICATIVA DA JUSTIFICATIVA	TIPOS DE INTERVENÇÃO DIDÁTICA SOBRE ESTRATÉGIAS ARGUMENTATIVAS						TOTAL	
	Não realizou atividade em que os alunos precisassem defender pontos de vista		Realizou atividades em que poderia explorar as estratégias argumentativas, mas não o fez		Realizou atividades de exploração das estratégias para argumentar e convencer os leitores			
	Freq.	%	Freq.	%	Freq.	%	Freq.	%
Presença	25	51,0	12	33,3	32	45,1	69	44,2
Ausência	24	49,0	24	66,7	39	54,9	87	55,8
Total	49	100,0	36	100,0	71	100,0	156	100,0

As análises realizadas nesses dois últimos blocos levaram a conclusões importantes. Em primeiro lugar, reafirmamos os resultados de estudos anteriores que mostraram que crianças jovens são capazes de justificar seus próprios pontos de vista (BRASSART, 1990; GOLDER; COIRIER, 1994; GOLDER; COIRIER, 1996; DE BERNARDI; ANTOLINI, 1996; SANTOS, 1997; LEITE; VALLIM, 2000; LEITÃO; ALMEIDA, 2000; dentre outros). Nossos dados não mostraram, no entanto, efeito da série sobre tal questão, pois a frequência de textos com justificativas foi alta em todas as séries. Mesmo assim, evidenciamos que o tipo de intervenção didática teve influência sobre a inserção de justificativas no processo de argumentação. Percebemos que tal efeito ocorreu em especial quando na prática de ensino de produção de textos havia preocupação em refletir sobre a necessidade de convencimento e de justificação no processo argumentativo.

De modo similar, verificamos que os alunos inseriram justificativas das justificativas nos textos, construindo cadeias argumentativas. Não houve, também, em relação a tal aspecto, efeito do tempo de escolaridade, embora a prática de ensino de produção de textos tenha provocado algum efeito significativo. Os alunos das professoras que delimitavam claramente as finalidades para os textos introduziram mais justificativas das justificativas que os demais alunos.

Em suma, defendemos que justificar o ponto de vista é uma estratégia para convencer os interlocutores sobre os nossos pontos de vista e que crianças pequenas já fazem uso dessa habilidade nas situações de produção de textos orais. No entanto, na escola, as crianças podem ampliar os recursos e diversificar essas estratégias durante a produção dos textos escritos, principalmente se elas estiverem engajadas em projetos de escrita em que as finalidades e os interlocutores sejam diversificados. Nossos dados dão suporte a tais hipóteses.

Por fim, discutimos que, ao inserir tanto a justificativa quanto a justificativa da justificativa, o escritor age orientado por representações sobre os interlocutores e a situação de interação.

Para introduzir o tema de discussão do próximo bloco (a contra-argumentação), precisamos, ainda, retomar a ideia de que no processo de justificação há a interlocução e a inserção de diferentes vozes no texto. A contra-argumentação, portanto, é "mais uma" estratégia usada para inserir as diferentes vozes no texto e será foco de atenção no tópico a seguir.

Houve influência do tipo de intervenção sobre a inserção de contra-argumentos?

Partindo da análise de que em algumas turmas as crianças inserem a contra-argumentação com mais frequência que as crianças de outras turmas, decidimos verificar os efeitos do tipo de prática pedagógica mais frequente entre as professoras dessas crianças sobre esse fenômeno. Ou seja, os dados referentes ao tipo de intervenção foram utilizados para tentarmos entender um pouco melhor tais diferenças.

Inicialmente, agrupamos as professoras quanto ao tipo geral de intervenção identificados nas aulas observadas. Tais dados foram cruzados com os resultados das análises dos textos das crianças. Assim, buscamos verificar a frequência de textos com contra-argumentação nas turmas que eram expostas a cada tipo de intervenção citado acima.

TABELA 10

Distribuição dos textos quanto à presença de contra-argumentos e tipo de intervenção didática

CONTRA-ARGUMENTAÇÃO	TIPO DE INTERVENÇÃO				TOTAL	
	Negação da comunicação		Texto como objeto de interação			
	Freq.	%	Freq.	%	Freq.	%
Texto com restrição + refutação	2	4,3	50	45,9	52	33,3
Texto só com restrição	2	4,3	10	9,2	12	7,7
Texto sem contra-argumentos	43	91,5	49	45,0	92	59,0
Total	47	100	109	100	156	100

Os dados apresentados na TAB. 10 evidenciam, por si, que o tipo de intervenção do professor parece ter um efeito sobre as estratégias de inserção de contra-argumentação nos textos. As crianças que participavam das aulas de produção de textos com professoras que não propunham situações em que eles se engajassem em atividades sociais de escrita geralmente não inseriam nos textos contra-argumentação (apenas 8,6% dos textos continham contra-argumentação). Já as crianças que participavam das aulas em que as professoras concebiam o texto como objeto de interação inseriram em seus textos mais contra-argumentos (55,1%)[4].

Foi marcante, também, o efeito da presença de atividades de reflexão de aspectos sociodiscursivos em sala de aula sobre a inserção de contra-argumentos.

---

[4] Esse valor corresponde ao somatório de textos só com restrição e textos com restrição e refutação.

TABELA 11

Distribuição dos textos quanto à presença de contra-argumentação nos textos das crianças e atividades de reflexão sobre aspectos sociodiscursivos em sala de aula

PRESENÇA DE CONTRA-ARGUMENTAÇÃO	REFLEXÃO SOBRE ASPECTOS SOCIODISCURSIVOS EM SALA DE AULA				TOTAL	
	Não refletia		Refletia			
	Freq.	%	Freq.	%	Freq.	%
Texto com restrição + refutação	12	18,8	40	43,5	52	33,3
Texto só com restrição	4	6,3	8	8,7	12	7,7
Texto sem contra-argumentação	48	75,0	44	47,8	92	59,0
Total	64	100	92	100	156	100

Outra análise conduzida para investigar os efeitos da prática pedagógica sobre as estratégias argumentativas adotadas pelas crianças foi a de confrontar os grupos quanto aos tipos de comandos dados em sala de aula, sob a hipótese de que as crianças que eram acostumadas a escrever textos para atender a diferentes finalidades sociais iriam produzir mais contra-argumentos em seus textos por serem mais atentas aos interlocutores. A TAB. 12 resume tais resultados.

TABELA 12

Frequência de textos com contra-argumentos por tipos de comandos mais presentes nas aulas de produção de textos

TIPO DE TEXTO (QUANTO À CONTRA-ARGUMENTAÇÃO)	TIPOS DE COMANDOS						TOTAL	
	Não havia indicação de finalidade, de gênero nem interlocutor		Havia indicação de finalidade, mas oscilava quanto à indicação de gênero e interlocutor		Havia indicação de finalidade, gênero e interlocutor			
	Freq.	%	Freq.	%	Freq.	%	Freq.	%
Restrição + refutação	2	6,3	5	20,0	45	45,5	52	33,3
Só restrição	2	6,3	2	8,0	8	8,1	12	7,7
Não contra-argumenta	28	87,5	18	72,0	46	46,5	92	59,0
Total	32	100	25	100	99	100	156	100

Os dados da TAB. 12 parecem confirmar hipóteses levantadas acima. As crianças que eram acostumadas a escrever textos sem finalidades claras tendiam a não inserir contra-argumentação (apenas 12,3% dos textos continham contra-argumentação). As crianças que mais inseriram contra-argumentos foram as que frequentavam salas de aula em que havia, nas atividades de escrita, delimitação de finalidades, gêneros e interlocutores (53,6% dos textos).

Uma última análise realizada centrou o olhar sobre as intervenções didáticas voltadas para os processos argumentativos.

TABELA 13

Frequência de textos com contra-argumentos por tipos de intervenção sobre argumentação

TIPO DE TEXTO (QUANTO À CONTRA-ARGUMENTAÇÃ)	TIPOS DE INTERVENÇÃO DIDÁTICA SOBRE ESTRATÉGIAS ARGUMENTATIVAS						TOTAL	
	Não realizou atividades em que os alunos precisassem defender pontos de vista		Realizou atividades em que poderia explorar as estratégias argumentativa, mas não o fez		Realizou atividades de exploração das estratégias para argumentar e convencer os leitores			
	Freq.	%	Freq.	%	Freq.	%	Freq.	%
Restrição + refutação	13	26,5	12	33,3	27	38,0	52	33,3
Só restrição	--	--	4	11,1	8	11,3	12	7,7
Não contra-argumenta	36	73,5	20	55,6	36	50,7	92	59,0
Total	32	100	25	100	99	100	156	100

A TAB. 13 mostra apenas uma pequena diferença quanto à inserção de contra-argumentos nos textos entre os alunos das professoras do grupo 2 e 3, que não foi significativa estatisticamente. Ao que parece, as atividades de reflexão sobre as estratégias argumentativas não fizeram com que os alunos produzissem mais contra-argumentos em seus textos.

É importante verificar, no entanto, como dissemos no início deste capítulo, que os processos de argumentação eram pouco enfocados pelas professoras investigadas, pois a maior parte das situações era de escrita de textos predominantemente narrativos. Quando na aula os alunos iam produzir textos predominantemente argumentativos, não havia nenhuma reflexão sobre o papel da contra-argumentação. Em geral, havia estímulo para a inserção de justificativas. O modelo "ponto de vista mais justificativa" foi valorizado pelas professoras que conduziram aulas sobre produção de textos em que os alunos precisavam defender pontos de vista.

Assim sendo, nas observações realizadas, as discussões conduzidas pelas professoras que concebiam o texto como objeto de interação e reflexão não se revertiam para a inserção de pontos de vista antagônicos nos textos. A presença de contra-argumentos, portanto, parece estar mais relacionada às concepções gerais de textos que permeavam as situações didáticas (texto como objeto de interação). As crianças que inseriram contra-argumentos eram mais acostumadas, na escola, a escrever para dar conta de finalidades sociais, diferentemente das crianças do grupo 1, que escreviam apenas para atender à finalidade de "aprender a escrever", sem engajamento em projetos de escrita como ação social.

E daí? O tipo de prática pedagógica ajuda os alunos a desenvolver capacidades argumentativas desde os anos iniciais do Ensino Fundamental?

Os resultados do estudo apresentado no Capítulo 2 permitiram concluir que as crianças, geralmente, são capazes de apresentar e defender seus pontos de vista. Alunos de diferentes idades mostraram-se eficientes na tarefa de apresentar seus pontos de vista, justificá-los, inserir outras vozes no discurso, apresentando justificativa da justificativa e contra-argumentações e realizaram tais ações de forma explícita ou através da indução à elaboração de inferências.

Em suma, verificamos que todos os componentes textuais citados nos estudos de outros autores estiveram presentes em textos de crianças de todas as séries. No entanto, foram encontradas dispersões entre os resultados de crianças de uma mesma série, o que nos conduziu às reflexões sobre os efeitos da prática pedagógica sobre as estratégias de inserção de cada componente textual e suas diferentes maneiras de manifestação.

As análises indiciaram possíveis efeitos da prática pedagógica sobre as estratégias discursivas, mostrando que diferentes dimensões textuais se manifestaram diversamente nas turmas (escolas) investigadas. Com isso, apontamos que em cada situação existem variadas estratégias para conduzir os leitores e que as práticas usuais de produção de textos influenciam os modos de argumentar dos alunos.

TABELA 14

Síntese das análises dos efeitos da prática pedagógica sobre
as estratégias argumentativas dos alunos
(Significância segundo os testes de Qui-quadrado p*)

ESTRATÉGIAS ARGUMENTATIVAS	SÉRIE	PRÁTICA PEDAGÓGICA			
		Tipo de intervenção	Presença de reflexão sobre aspectos sociodiscursivos	Tipo de comando	Reflexão sobre argumentação
Inserção de justificativas	.455	.753	.164	.081	.053
Inserção de justificativa da justificativa	.821	.782	.158	.046	.244
Inserção de contra-argumento	.004	.000	.001	.000	.635

* $p<0,05$ implica que houve diferenças significativas entre os grupos comparados.

** Não foi possível fazer o teste de Qui-quadrado porque a quase totalidade dos textos tinha o ponto de vista claro.

Em relação à inserção de justificativas nos textos, observamos que as crianças, de modo geral, justificaram seus pontos de vista, não havendo efeito do tipo de intervenção. No entanto, uma análise mais apurada desses tipos de intervenção mostrou que as poucas crianças que não apresentaram justificativas participavam dos grupos cujas professoras não fizeram reflexões sobre argumentação quando as situações favoreciam tais procedimentos. Tal fenômeno pode ser decorrente do fato de que as professoras que refletiram sobre argumentação explicitaram a necessidade de justificação.

Nas análises sobre inserção de justificativa da justificativa, observamos diferenças em relação aos tipos de comandos dados em sala de aula. As crianças que eram levadas a discutir sobre interlocutores em sala de aula e/ou sobre os gêneros textuais utilizaram mais justificativa da justificativa.

Um dado bastante revelador de nossas hipóteses foi quanto aos efeitos da intervenção sobre a presença de contra-argumentos nos textos. Foram observados efeitos da série, do tipo de intervenção, do tipo de comando e da presença de reflexões sobre aspectos sociodiscursivos. Não houve, no entanto, efeito da presença de reflexões sobre argumentação. Como discutimos no início do capítulo, as professoras que refletiram sobre argumentação em sala de aula não deram nenhum destaque ao papel da contra-argumentação na defesa de ideias. O efeito da intervenção pareceu estar, portanto, relacionado ao desenvolvimento de atitudes de reflexão sobre a finalidade e interlocutores textuais, mais do que de reflexão sobre a estrutura textual. Provavelmente, se as professoras conduzirem reflexões sobre a importância da contra-argumentação e discutirem sobre como isso aparece nos textos de diferentes autores, as crianças apresentarão maior facilidade para usar tal tipo de recurso discursivo.

Como avaliar os textos produzidos pelos alunos quando pedimos que eles escrevam textos de opinião?

Nos capítulos anteriores, mostramos que crianças dos anos iniciais do Ensino Fundamental podem ser capazes de escrever textos da ordem do argumentar. Evidenciamos, também, que se utilizarmos estratégias didáticas em que os alunos escrevam textos frequentemente, atendendo a diversos tipos de finalidade e refletindo sobre as situações de escrita, podemos levá-los a escrever textos mais bem estruturados e com maior consistência argumentativa.

Neste capítulo, vamos refletir sobre as relações entre as condições de produção e os modelos textuais produzidos pelos alunos, na busca de encontrar boas estratégias para avaliar o que eles fazem. Tais reflexões serão conduzidas a partir de uma concepção de que os textos são singulares e resultam dos processos de adoção/adaptação dos gêneros textuais aos contextos de interlocução. Dessa forma, rejeitamos as noções pré-formadas sobre as estruturas dos textos argumentativos, defendendo, em lugar desse pressuposto, a ideia de que os modelos textuais são variados e dependem do contexto de produção e dos conhecimentos prévios dos produtores.

Desejamos, também, que a partir dessas reflexões tenhamos condições de planejar melhor nossa prática pedagógica, buscando criar situações que favoreçam da melhor forma possível as atividades de escrita de nossos alunos.

Para melhor conduzirmos esse debate, vamos, inicialmente, discutir sobre os conhecimentos que as crianças utilizam quando são solicitadas a escrever textos de opinião e, posteriormente, apresentar textos de várias crianças, produzidos em uma situação escolar de produção de textos, analisando o quanto as representações dos estudantes sobre o contexto de produção interferem no trabalho de escrita.

Os conhecimentos prévios mobilizados pelas crianças para escrever textos na escola

Diversos autores levantaram questões relativas às relações entre gêneros orais e escritos e seus impactos sobre os textos das crianças. Schneuwly (1988), Val e Barros (2003), Abaurre, Mayrink-Sabinson e Fiad (2003), dentre outros, aventaram a possibilidade de que na produção de textos escritos ocorreria um processo de transformação dos conhecimentos acerca de gêneros orais e escritos próprios de esferas de interlocução similares à situação proposta, que seriam adaptados para as novas situações.

Val e Barros (2003), em uma pesquisa com dez alunos de 1ª série de uma escola pública, encontraram que mesmo antes de dominarem os mecanismos formais da escrita, as crianças foram capazes de "ditar" ou "ler" (fazendo de conta) instruções de jogos e receitas. As autoras salientaram:

> A análise dos dados autoriza a afirmação geral de que as crianças entrevistadas tinham conhecimento do tipo injuntivo e revelaram esse conhecimento quando produziram textos tanto do gênero receita quando do gênero regra de jogo. Este tipo de texto está presente no cotidiano das crianças, em receitas caseiras de alimentos e remédios e nas instruções partilhadas de jogos e brincadeiras, enquanto gêneros primários em sua modalidade falada (VAL; BARROS, 2003, p. 143).

Esses resultados ajudam a melhor teorizar sobre a produção de textos escritos por crianças. Está posto no bojo dessa discussão o princípio de que as crianças já dispõem de conhecimentos prévios sobre as diferentes finalidades textuais que auxiliariam no processo de apropriação dos diferentes gêneros textuais escritos. Val e Barros (2003, p. 137), a esse respeito, salientam que reconhecem "as múltiplas possibilidades de aproximação entre gêneros orais e gêneros escritos, bem como as múltiplas possibilidades de distanciamento entre gêneros de uma mesma modalidade, em função das especificidades das condições de produção e circulação de cada gênero".

Assim, os conhecimentos sobre as esferas de interlocução e, consequentemente, dos gêneros textuais que emergem nessas esferas, orientam a escrita dos textos. No entanto, supomos que, diante de uma situação nova em que não dispomos de um gênero já construído, adotamos gêneros que conhecemos de outras situações que tenham alguns pontos de convergência com a situação vivida no momento.

Em resumo, consideramos que as crianças podem ter utilizado, para resolver a tarefa proposta pelas autoras citadas, os conhecimentos sobre diversos gêneros textuais construídos em situações que tivessem similaridades com a que foi proposta neste estudo, tanto na escola quanto fora dela, nas modalidades oral ou escrita.

Assim, propomos que, para avaliarmos os textos de nossos alunos, precisamos refletir sobre a familiaridade que eles têm com o gênero textual solicitado/induzido ou com outros gêneros textuais semelhantes ao que estamos querendo que produzam.

Por outro lado, precisamos, também, considerar o caráter histórico e mutável dos gêneros textuais, assim como da singularidade dos textos em razão do contexto particular de interação. Dessa forma, destacamos as discussões atuais sobre o imbricamento entre gêneros presente em diversas situações de interlocução. Bakhtin (2000, p. 286), abordando as relações entre estilo e gênero textual, atenta que "quando há estilo, há gênero. Quando passamos o estilo de um gênero para outro, não nos limitamos a modificar a ressonância deste estilo graças à sua inserção num gênero que não lhe é próprio, destruímos e renovamos o próprio gênero".

Barros (1999, p. 13) também revela tal concepção quando afirma que "nem sempre um texto pode ser identificado como sendo ou tendo, sob o ponto de vista de sua concretude ou materialização linguística, um único gênero comunicativo".

Foi a partir desses pressupostos que Abaurre, Mayrink-Sabinson e Fiad (2003), por exemplo, buscaram entender a escrita de crianças das séries iniciais do Ensino Fundamental de escolas públicas e particulares. Nesse *corpus* foram identificados textos que ofereciam, segundo as pesquisadoras salientaram:

> Indícios de filiação a um ou mais gêneros tradicionalmente reconhecidos e nomeados, constituindo-se, assim, em textos híbridos, de gêneros indefinidos ou parcialmente definíveis, e também textos que podem ser vistos como embriões de cartas, bilhetes, lendas, histórias de fada, relatos, entrevistas, notícias jornalísticas, etc. (p. 169-170).

As autoras ressaltaram que os processos de escrita eram pautados na mobilização dos conhecimentos prévios das crianças sobre os gêneros textuais e sobre as diferentes esferas de circulação. Levantaram a hipótese, nessa problemática, de que "a vivência, por parte das crianças, de determinadas situações sociais não exclusivamente escolares permeadas pela presença de escrita, levou à elaboração da diferenciação entre esses gêneros" (p. 173).

Há, dessa forma, um reconhecimento de que o contato das crianças com textos orais e escritos, pertencentes a diferentes gêneros textuais, instrumentalizaria as crianças a dar conta de uma multiplicidade de situações de interação, diversificando as estruturas de textos que produzem. Nessa direção, Abaurre, Mayrink-Sabinson e Fiad (2003, p. 182) concluem que:

> a consideração da diversidade de gêneros representada nas produções escritas das crianças que cursam, ainda, a 1ª série escolar, leva-nos a supor que o conhecimento destes gêneros foi construído fora da sala de aula, nas diferentes e variadas esferas de comunicação verbal de que essas crianças certamente participam [...]. A todas, no entanto, o que a escola pede

mais frequentemente é que escrevam estórias, que contem o passeio que fizeram.

Desse modo, há, segundo essas autoras, desconsideração desses conhecimentos prévios na prática de ensino de produção de textos na escola, assim como, completamos nós, desconsideração da profunda flexibilidade com que nos adaptamos às situações, adotando/ adaptando os gêneros que interiorizamos.

Retomamos, neste momento, a posição de que não se produzem "protótipos" fixos de textos "argumentativos", "narrativos" ou "descritivos" nas situações de interlocução cotidianas. Na escola, no entanto, percebemos, em determinados momentos, uma tendência à homogeneização tanto do conteúdo textual quanto do próprio modo de dizer. Concebemos, no entanto, que uma prática pedagógica sociointeracionista deve investir para que os alunos tornem-se escritos autônomos, que tenham condições de diversificar estratégias enunciativas e atender a diferentes finalidades de interlocução.

É nessa perspectiva que propomos que nós, professores, olhemos os textos dos nossos alunos respeitando suas singularidades e tentando entender as estratégias que utilizam para responder às nossas solicitações. Só assim, teremos condições de saber como ajudá-los a escrever cada vez melhor.

Avaliando textos de crianças: relato de uma pesquisa

Conforme defendemos no início deste capítulo, concebemos que para cada situação de interação produzimos textos singulares. Utilizamos, para isso, nossos conhecimentos sobre os diferentes gêneros textuais que circulam nas esferas de interlocução cujos propósitos comunicativos são semelhantes aos que julgamos pertinentes na situação em que nos encontramos. Dessa forma, adotamos determinado gênero textual (ou mais de um) e os adaptamos à situação proposta, variando nossas estratégias discursivas.

Com isso, não negamos que, em determinados contextos, os textos produzidos tenham similaridades que os caracterizam globalmente como mediadores de tais situações de interação. É nessa perspectiva que tentaremos identificar alguns modelos textuais produzidos pelos alunos na situação específica em que se encontravam.

Para dar continuidade às nossas discussões sobre as estratégias utilizadas pelas crianças para defender o ponto de vista, classificamos os textos quanto à configuração geral. Utilizamos, para tal, os componentes textuais comumente citados pelos autores que abordam os textos da ordem do argumentar: ponto de vista, justificativa, justificativa da justificativa, contra-argumentação, buscando relacionar tais escolhas às características do contexto de produção.

Como já dissemos no Capítulo 2, foram analisados textos de 205 crianças de 2ª a 4ª séries de 3 escolas públicas e 1 particular, na Região Metropolitana do Recife, dentre os quais 156 foram classificados como "textos de opinião". Neste capítulo, esses textos de opinião serão revisitados para uma análise dos modelos textuais produzidos por essas crianças e dos efeitos do contexto escolar de produção sobre a escolha de tais modelos.

Conforme dissemos anteriormente, as professoras foram contactadas em cada escola separadamente. Receberam orientações para a aplicação da tarefa e marcaram o dia em que fariam a atividade. As aulas em que os textos foram produzidos foram observadas e gravadas em áudio. Posteriormente, as fitas foram transcritas para análise.

A atividade proposta, já descrita no Capítulo 2, foi de produção de um texto defendendo a opinião sobre se as crianças deveriam ou não realizar serviços domésticos. Como dissemos naquele capítulo, a professora leu uma reportagem de jornal, provocou um debate em sala de aula sobre o tema e depois pediu que escrevessem o texto. Esse seria lido na própria sala de aula para que fossem escolhidos alguns para serem lidos para crianças de outra turma da escola.

Que modelos textuais as crianças produziram?

Inicialmente, analisamos 204 textos produzidos na situação citada, que foram classificados quanto aos gêneros textuais (ou espécies, diante da dificuldade de identificar os textos em um gênero específico).

Conforme mostramos naquele momento, 156 textos (76,1%) foram classificados como textos de opinião. Os outros eram exemplares de outros gêneros textuais: 8,3% como relato pessoal, 5,9% como história (com configuração similar à narrativa infantil), 3,9% como redação escolar, 2,4% como reescrita da reportagem e 3,4% como "outros gêneros" (carta, bilhete...).

Não assumimos como tarefa nossa, neste trabalho, explorar todos esses textos e, então, selecionamos os textos de opinião porque consideramos que para as perguntas que nos fazíamos seriam mais produtivos.

Dessa forma, debruçamo-nos sobre os textos de opinião e buscamos entender os percursos das crianças na defesa de seus pontos de vista. Tendo consciência da fluidez dessa "espécie" textual (texto de opinião), buscamos estabelecer alguns limites/critérios que englobassem os escritos das crianças nessa categoria. Essa necessidade faz-se pertinente porque várias são as situações em que se constroem textos de opinião, com características diversas: artigo de opinião em jornal ou revista; sermão de padres em igrejas, texto didático em que se tenta difundir valores sociais, texto em que se defende um ponto de vista na escola, dentre outros.

Assim, tentamos delimitar os textos de opinião, diante dos outros gêneros produzidos pelas crianças. Tomamos como eixo a ideia de que esses textos tinham de ter como núcleo conceitual a intencionalidade quanto à defesa de pontos de vista e a presença de interlocutores que queriam saber o que se pensava sobre o assunto em pauta. Assim, um tema e não um fato seria o foco textual. O tema, nessa espécie textual, teria, necessariamente, de ser passível de posições divergentes e, consequentemente, os interlocutores poderiam ter pontos de vista diferentes sobre a questão posta em debate. Nos textos das crianças, tentamos encontrar indícios dessa concepção de tema e de destinatário.

Do ponto de vista estrutural, os textos de opinião foram identificados como aqueles cuja sequência textual dominante era a argumentativa, mesmo que a ela fossem adicionadas, por encaixe ou fusão, outras sequências, como a narrativa, a expositiva ou a descritiva. Consequentemente, alguns (ou todos) componentes da argumentação (ponto de vista, justificativa, justificativa da justificativa, restrição, refutação) seriam utilizados nos textos, mesmo que a partir de diferentes modos de inserção.

Por fim, recursos linguísticos próprios das situações em que se argumenta sobre temas seriam privilegiados, tais como os modalizadores, as conjunções e expressões argumentativas, o uso dos verbos predominantemente no presente, o uso de palavras com valor genérico, que impõem certo distanciamento no discurso.

Alguns modelos gerais foram encontrados quando tentamos apreender os modos de adoção/adaptação dos gêneros conhecidos à situação proposta. Alguns dos textos de opinião tinham, de fato, o foco centrado no tema proposto (Crianças devem ou não realizar serviços domésticos?) e os alunos buscaram defender o ponto de vista sobre esse tema. As situações de referência para esses modelos seriam aquelas em que os alunos tentariam defender um ponto de vista para interlocutores presentes (professor e colegas) ou ausentes.

No entanto, outras formas de adoção foram encontradas. Alguns textos eram muito semelhantes aos textos produzidos para comentar sobre um texto lido (comentário). Nesses casos, os alunos estavam dando a opinião, mas o enfoque recaía mais sobre a reportagem e sobre as crianças citadas na reportagem do que no tema em si. A ancoragem nos elementos do texto era clara, com referências explícitas ao autor e aos personagens citados na matéria do jornal.

Outra adoção presente nos textos das crianças foi quanto ao gênero "resposta a pergunta de opinião". Nesses casos, as crianças conduziam a tarefa como se tivessem que responder à pergunta de modo similar ao que fazem nas tarefas de sala de aula em que dispõem de duas ou três linhas e precisam, nesse espaço, dizer o ponto de vista e justificá-lo. Nem sempre era possível delimitar quando o texto tomava essa configuração porque o aluno estava adotando tal gênero ou porque ele não desenvolvia os argumentos por outros motivos, como a dificuldade no registro do texto ou a falta de argumentos para o que estava defendendo.

Diante da dificuldade de classificar os textos quanto a esses três modelos gerais encontrados, conduzimos as análises categorizando os textos quanto à estrutura para, a partir dessa classificação, tentar chegar a exemplos dos modelos gerais citados acima, mesmo tendo consciência de que a mesma estrutura poderia estar associada a um "comentário", a uma "resposta à pergunta de opinião" ou a um "texto de opinião sobre o tema". Além disso, coerentemente ao que outros autores disseram em estudos sobre contexto de produção e gêneros textuais (ABAURRE; MAYRINK-SABINSON; FIAD, 2003; BAKHTIN, 2000; BARROS, 1999; BOISSINOT; LASSERRE, 1989), os textos muitas vezes estavam afiliados a mais de um desses gêneros.

Assim, diante da proposta de defender o ponto de vista sobre o tema sugerido (as crianças devem ou não realizar serviços domésticos?) no contexto escolar, após a leitura de uma reportagem que implicitamente assumia a posição de que as crianças devem trabalhar em casa, nove modelos de textos de opinião foram identificados, os quais serão exemplificados abaixo:

> Modelo 1: ponto de vista + justificativa + justificativa da justificativa + restrição + refutação

O modelo textual apontado como mais completo por vários teóricos anteriormente discutidos é o que utilizamos para agrupar os textos considerados como modelo 1. O texto abaixo, produzido por uma menina de 10 anos, da 4ª série, exemplifica tal modelo.

Texto 7

As mulheres batalhando

Tudo bem. Acho certo a mulher trabalhar, mas também não precisava se matar. Se o homem está em casa, pode ajudar. Porque, só por fazer alguma tarefa, por exemplo, lavar louça, vai virar mulher? Nada disso! Mesmo assim, podem ajudar. Todas as espécies de humanos podem ajudar. As mulheres batalhando e as crianças ajudando. Mas não acho certo homem ficar descansando. Também acho certo criança ajudar. É melhor do que trazer mais violência.

As crianças ajudam. Tem muitas que são preguiçosas, já tem umas que gostam mais de lavar pratos, outras de varrer a casa, secar a louça, apanhar a roupa. Tem criança que acha chato este mundo. Mas preste atenção e o seu irmão mais novo oue! oue! oue!

Mas a vida da mulher é essa.

Escola 3, 4ª série, 10 anos, sexo feminino.

Nesse texto, a criança defende o ponto de vista de que as crianças devem fazer os trabalhos domésticos. Na apresentação do ponto de vista já está inserida a justificativa ("Também acho certo criança ajudar"). Assim, a necessidade de ajudar em casa é colocada como justificativa para a tese de que as crianças devem realizar serviços domésticos. Poderíamos nos questionar a quem ela estaria ajudando. Aos pais? A garota deixa muito claro que não. Na realidade, a justificativa da justificativa insere o tema que realmente vai ser foco de discussão no texto: a criança ajuda à mãe que precisa "batalhar" (as mulheres batalhando e as crianças ajudando). Outra justificativa para a criança ajudar é que, assim, ela não estará envolvida em violência.

Percebemos, pois, que o foco do texto recai não sobre se as crianças devem ou não realizar serviços domésticos, e sim nas relações entre homens e mulheres. Logo no início do texto, a menina começa com uma expressão de concordância ("Tudo bem"), seguida pela afirmação de que é certo a mulher trabalhar. Nessa expressão, está implícita uma negociação que é exposta depois: "Acho certo a mulher trabalhar, mas também não precisava se matar. Se o homem está em casa, pode ajudar". Há, nas entrelinhas, uma denúncia de que as mulheres ficam sobrecarregadas de trabalho porque os homens não ajudam. A contra-argumentação aparece no trecho seguinte, por meio de uma pergunta que é respondida imediatamente: "Só por fazer alguma tarefa, por exemplo, lavar louça, vai virar mulher? Nada disso". A voz social que diz que trabalho doméstico é coisa de mulher é, então, inserida no texto de modo a garantir a polifonia textual.

A indagação surge no texto como resposta a uma restrição implícita. A quem a pergunta está dirigida? Na verdade, ela abafa uma voz oculta (presente na sociedade) que diz que "homem que faz trabalhos domésticos deixa de ser homem".

O tema do texto é retomado quando a aluna diz que "todas as espécies de humanos podem ajudar". Assim, ela articula a discussão priorizada (relações entre homens e mulheres) ao tema sugerido: as mulheres batalhando e as crianças ajudando.

No parágrafo seguinte, a fim de garantir que não desconsiderou o tema sugerido, a menina fala sobre as crianças: "As crianças ajudam".

Imediatamente depois, ela afirma que na verdade nem todas participam dessas atividades ("Tem muitas que são preguiçosas") e que "Tem criança que acha muito chato este mundo". Ou seja, ela termina assumindo que embora seja "certo", muitas crianças não gostam de ajudar. Para minimizar tal posição, ela afirma que algumas crianças gostam "mais de lavar prato, outras de varrer a casa...". Dessa forma, não seria obrigado fazer todos os serviços de casa.

Por fim, a aluna, no final da página, denuncia, mais uma vez, a situação da mulher ao afirmar: "Mas a vida da mulher é essa". Dessa forma, ela assume explicitamente que o tema polêmico para ela é o das relações entre homens e mulheres e que o tema sugerido pela professora pode ser mais facilmente negociado.

Para entendermos melhor as estratégias e a aparente mudança de foco da aluna, podemos citar autores como Camps e Dolz (1995), Rubio e Arias (2002) e Souza (2003), os quais apontam que, na escola, determinados temas não se constituem como fonte de polêmica: ou porque não se pode defender pontos de vista contrários aos valores socialmente aceitos na instituição; ou porque os alunos já conhecem os pontos de vista do professor e, dessa forma, diante da assimetria da relação professor-aluno (ROJO, 1999), não se dispõem a dizer um ponto de vista contrário ao dele. No nosso caso, a leitura da matéria do jornal já apontava que a posição de quem propunha a tarefa era de que as crianças devem ajudar em casa. Por fim, podemos acrescentar a tal discussão que a questão da mulher, no tocante aos trabalhos domésticos, era realmente a ponte para o debate, visto que não é um problema resolvido na sociedade.

A autora assumiu o seu papel de "mulher" ao defender que homens e mulheres precisam realizar serviços domésticos, inserindo na tarefa um tema realmente polêmico, mas não perdeu de vista o seu papel de "aluna", reinserindo no texto, mesmo que de forma fragmentada, o tema sugerido. É interessante observar que, no papel, o parágrafo em que ela fala sobre as crianças está separado do parágrafo inicial, com uma linha no meio, deixando muito claro que houve uma ruptura de tópico.

Modelo 2: ponto de vista + justificativa
+ restrição + refutação

O modelo 2 difere do modelo 1 quanto ao fato de que as justificativas não são acompanhadas de justificativa da justificativa. O texto 8, abaixo, escrito por um menino de 10 anos, exemplifica esse modelo textual.

Texto 8

[manuscrito]

Todos têm seus deveres

As meninas pensam que os homens são bichas porque eles cozinham e lavam os pratos, arrumam a casa. Que nada. Os meninos também têm seus deveres, como lavar roupa, fazer comida. Elas pensam que tudo elas fazem.

Escola 3, 3ª série, 10 anos, sexo masculino.

No título do texto, destacado logo no topo da página usada na atividade, o aluno já justificou seu ponto de vista de que as crianças devem fazer serviços domésticos. Embora o aluno não tenha explicitado tal posição, ele conduziu o leitor ao inserir a justificativa de que "todos têm seus deveres". No corpo do texto há de imediato a inserção de uma voz contrária ao ponto de vista defendido ("As meninas pensam que os homens são bichas porque eles cozinham..."). A essa restrição, ele deu uma resposta enfática: "Que nada! Os meninos também têm seus deveres".

Os conflitos entre homens e mulheres no que diz respeito à divisão das tarefas domésticas tornam-se, mais uma vez, o foco da argumentação. Conforme já discutimos, são os papéis sociais desempenhados pelos interlocutores que determinam o que dizemos e como dizemos. O lugar de onde esse menino enuncia determina, portanto, o foco de sua argumentação. Ele fala como "homem" e como "aluno", num espaço social em que ele é valorizado se atender aos papéis de colaborador que foram explicitados logo no início da atividade, por intermédio do texto lido pela professora. Em suma, apontamos que o aluno conduz o leitor ao seu ponto de vista, justificando-o e apresentando uma contra-argumentação que aparece na voz das "meninas".

> Modelo 3: ponto de vista + justificativa + justificativa da justificativa

No modelo 3, não houve pontos de vista discordantes, pois os alunos não inseriram contra-argumentação. No entanto, alguns alunos, como o autor do texto 3, inseriram outra voz usada como apelo à autoridade. Nesse texto, o texto lido pela professora foi explicitamente tomado como apoio para o ponto de vista defendido. Essa questão pode ser problematizada a partir do pressuposto de que o espaço escolar é, geralmente, uma esfera na qual diferentes vozes são mobilizadas para impor verdades. Os textos lidos pelos professores tendem a ser cultuados enquanto fonte de saberes e de verdades pouco questionáveis. Assim, a criança iniciou o texto apelando para a autoridade de quem escreveu o texto tomado pela professora como mote para a atividade didática.

Houve, ainda, no texto, a preocupação de justificar a justificativa, para garantir que ela fosse aceita como válida. O texto 9, portanto, exemplifica um caso em que a estratégia argumentativa consistiu num esforço de garantir a aceitação da justificativa posta (os pais precisam trabalhar fora).

Texto 9

[manuscrito]

Eu adorei o texto.
Eu achei ele muito bonito porque ele ensina as crianças a fazer os deveres de casa quando a mãe e o pai vão trabalhar.

Eles têm que se virar, as crianças, porque os pais trabalham duro para o bem deles. E o dinheiro que eles ganham é para comprar roupa pra eles, comida.

Eu concordo.

Escola 2, 3ª série, 10 anos, sexo feminino.

Em suma, a criança, no texto 9, diz que concorda com o ponto de vista do autor do texto lido (Eu adorei o texto...; Eu concordo), inserindo uma voz que reforça seu próprio ponto de vista e justifica tal ponto de vista com a premissa de que "os pais precisam trabalhar fora". A justificativa dessa justificativa é que os pais ganham dinheiro "para comprar roupa pra eles, comida".

A partir desse texto, podemos retomar as discussões propostas por Schneuwly (1988) de que utilizamos, para dar conta das finalidades com as quais deparamos, os gêneros textuais disponibilizados em outros momentos que tenham pontos de convergência com a situação vivida.

O modelo textual produzido pela aluna é muito similar aos textos produzidos em situações em que se pede que os alunos deem opinião sobre textos lidos em sala de aula. Assim, os componentes textuais estão presentes, mas a estrutura do texto se aproxima mais de um "comentário sobre um texto" do que de um "texto de opinião sobre o tema em si".

> Modelo 4: ponto de vista + justificativa

O modelo 4 agrega os textos que, segundo a perspectiva de Toulmin (1958) e seguidores, estariam num nível de argumentação simples. O texto 4 exemplifica tal modelo.

Esse texto, produzido por uma criança de 2ª série (9 anos), é constituído por um ponto de vista que, da forma como foi exposto, já implica a justificativa dada: "Eu acho que todo mundo tem que ajudar". Nesse caso, o ponto de vista de que as crianças devem fazer os serviços domésticos é justificado pela premissa de que elas têm que ajudar. O modalizador deôntico (tem que) já conduz a um valor social. Essa estratégia foi encontrada em muitos textos coletados. Essa premissa (necessidade de ajudar) foi tomada como uma premissa universal e aceita, de forma que a criança não a desenvolveu. Talvez a criança não visse necessidade de justificar tal justificativa.

Texto 10

> *[manuscrito]*

Eu acho que todo mundo tem que ajudar a sua mãe e cuidar do seu irmão mais novo e cuidar da casa e arrumar a sua casa e fazer muitas coisas, como lavar o prato, forrar a cama e fazer muita coisa.

Escola 1, 2ª série, 9 anos, sexo feminino.

Um aspecto que podemos discutir é quanto à possibilidade de que os alunos que escreveram textos nesse modelo descrito (ponto de vista + justificativa) estivessem usando representações de um gênero textual comum na escola: responder a questões de opinião sobre textos lidos ou temas discutidos.

Outra hipótese, levantada por Perelman (2001, p. 35), é que os alunos estejam se apoiando num gênero oral: turno de conversação. A esse respeito, a autora afirma:

> O que se tem encontrado nesses estudos é que nos ensaios de opinião, as produções escritas são extremamente curtas e pouco desenvolvidas porque parecem consistir em um turno de conversação. [...] Estes discursos escritos estariam dentro do que se poderia esperar de um argumento em um discurso oral, logo seria um turno de alguém que responderia à opinião expressa.

Essa suposição está pautada na hipótese de que na produção de textos escritos ocorreriam, sobretudo com escritores iniciantes, processos de transformação de conhecimentos sobre gêneros orais próprios de esferas de interlocução similares à situação proposta, que são adaptados para as novas situações. Essa hipótese foi também discutida por Schneuwly (1988), Abaurre, Mayrink-Sabinson e Fiad (2003) e Val e Barros (2003).

Modelo 5: ponto de vista + restrição + refutação

A seleção do texto 11 (3ª série, 10 anos), usada para exemplificar o modelo 5, foi realizada tendo em vista a tentativa de evidenciar que acatar determinada configuração textual como modelo a ser seguido pode empobrecer a visão que podemos ter sobre a atividade de linguagem enquanto profundamente dialógica. Esse menino, que não explicitou o ponto de vista nem o justificou, deixou clara sua posição sobre a questão, uma vez que investiu no processo de refutação de um ponto de vista oposto. Quando ele diz "não são só as meninas que têm obrigação", ele está assumindo que todos têm o dever de ajudar a mãe. Assim, o ponto de vista está incorporado na apresentação da resposta à possível refutação.

Texto 11

> Eles são os donos da casa
> Minha opinião
> Ninguém é diferente do outro. As crianças são todas iguais e os adultos também.
> Não são só as meninas que têm obrigação de cuidar da mãe. Quando a mãe tem filhos, todos homens, quem tem obrigação? São deles, cuidar da mãe.

Escola 1, 3ª série, 10 anos, sexo masculino.

A análise desse texto mostra que a criança está refutando o ponto de vista de que é dever das meninas ajudar as mães. Todo o processo argumentativo está voltado para afirmar que não há concordância com essa visão. A resposta (refutação) a tal ponto de vista é pautada na ideia (premissa difundida na escola) de que "somos todos iguais". Dentro da instituição escolar, tal pressuposto é invariavelmente defendido desde os primeiros momentos de escolaridade. É possível que o aluno não tenha sentido necessidade de justificar tal premissa e, dessa forma, tenha passado imediatamente a usá-la como contra-argumento para um ponto de vista diferente do seu.

Modelo 6: ponto de vista

O modelo 6 foi produzido por crianças que apenas afirmaram seu ponto de vista sobre a questão posta. Algumas crianças apenas responderam à pergunta com palavras, como "certo" (escola 2, 2ª série, 8 anos, sexo masculino) e "sempre" (escola 2, 3ª série, 11 anos, sexo masculino), outras tentaram alongar o texto, mas produziram, geralmente, uma ou duas frases. O texto 12 mostra uma criança que tentou dar continuidade ao texto, mas que demonstrou muita dificuldade em registrar o que estava querendo defender.

Texto 12

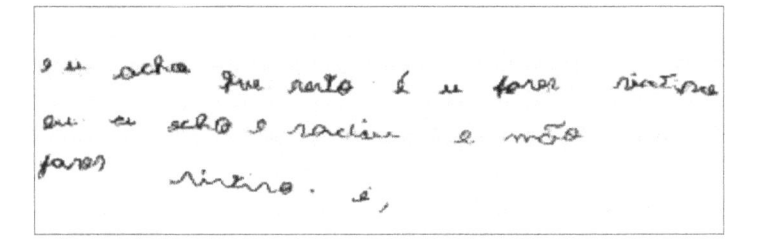

Eu acho que o certo é fazer serviço. Eu acho errado é não fazer serviço. É

Escola 2, 2ª série, 8 anos, sexo feminino.

É visível a dificuldade com a atividade de registro do texto. Supomos, a partir desse fenômeno, que para a criança recém-alfabética seja realmente uma demanda muito grande articular o esforço de grafar o texto com o esforço de organizar os argumentos.

No texto 13, produzido por uma menina de 8 anos que tem um domínio um pouco mais avançado da escrita, já observamos uma organização sequencial um pouco melhor, embora tenha permanecido a tendência a responder diretamente à questão posta. No texto, a aluna explicitou sua resposta à questão, não justificou seu ponto de vista e encerrou a atividade sem tentar convencer o leitor sobre o que ela pensava sobre o assunto.

Texto 13

> tarefa de classe 1º
>
> 1º) Dê sua opinião sobre: as crianças devem ou não trabalhar em casa? porque?
>
> as crianças devi si lava loça e fora a cama e fais acomida e vai a escola socinha e vem os tres.

Tarefa de classe

1º) Dê sua opinião sobre: As crianças devem ou não trabalhar em casa? Por quê?

As crianças devem, sim, lavar louça e forrar a cama e fazer a comida e ir à escola sozinhas e virem os três.

Escola 3, 2ª série, 8 anos, sexo feminino.

Em alguns estudos sobre argumentação, verificamos que os textos que continham apenas ponto de vista são considerados como pré-argumentativos. Sob uma perspectiva evolucionista, as crianças são classificadas como as que não são capazes de argumentar. Essa hipótese pode ser refutada pelos estudos que apontam que essas crianças são capazes de argumentar oralmente. A dificuldade, portanto, estaria na produção escrita do texto. Um dado interessante a esse respeito é que muitos textos classificados nesse modelo foram produzidos por crianças que ainda tinham muitas dificuldades em relação à apropriação da escrita alfabética.

Nesses casos, podemos levantar a hipótese de que algumas dessas crianças simplesmente não tenham desenvolvido o texto porque estavam num nível de escrita em que o esforço em registrar o texto era tanto que não era possível coordenar tal ação com a ação de gerar o conteúdo. Ou seja, formulamos a hipótese de que, quando a demanda cognitiva exigida na tarefa de grafar o texto é grande, a geração de ideias pode ser mais lenta.

Consideramos que, pelo menos para as crianças que estejam nesses níveis iniciais de escrita, é possível que a hipótese de que a dificuldade esteja relacionada à coordenação entre as ações mentais em exercício durante a elaboração textual (GOLDER; COIRIER, 1994) esteja correta. Ou seja, tais crianças podem ser capazes de argumentar, conforme indicam os estudos que tratam da argumentação oral, mas não conseguem coordenar isso com as operações exigidas para a produção escrita, mais especificamente a coordenação entre a geração de ideias, a textualização e o registro do texto.

A fim de refletir sobre tal questão, fizemos o cruzamento entre o número de palavras no texto e os modelos textuais produzidos pelas crianças. Encontramos, segundo mostramos na TAB. 15 abaixo, que 71, 5% dos textos que tinham apenas ponto de vista eram muito curtos (42,9% tinham entre 1 e 10 palavras e 28,6% tinham entre 11 e 22 palavras). Esses textos continham apenas a resposta à questão (As crianças devem fazer serviços domésticos?).

TABELA 15

Distribuição dos textos quanto à quantidade de palavras e modelos textuais

QUANTIDADE DE PALAVRAS	MODELOS TEXTUAIS							
	Só ponto de vista		Ponto de vista + justificativa		Ponto de vista + justificativa + (justificativa da justificativa ou contra-argumentação)		Ponto de vista + Justificativa + Justificativa da justificativa + Contra-argumentação	
	Freq.	%	Freq.	%	Freq.	%	Freq.	%
1 a 10	6	42,9	5	13,9	--	--	--	--
11 a 22	4	28,6	11	30,6	9	17,6	3	5,5
23 a 44	3	21,4	9	25,0	21	41,2	15	27,3
Mais de 44	1	7,1	11	30,6	21	41,2	37	67,3
Total	14	100	36	100	51	100	55	100

Tal fato pode explicar, em parte, por que, na 2ª série, o percentual de crianças nas demais categorias foi mais baixo. Na turma 2, por exemplo, tal questão fica muito clara. Foram coletados 16 textos, dos quais 10 eram ilegíveis, ou seja, as crianças ainda estavam em estágios de apropriação da escrita alfabética em que as correspondências grafofônicas não estavam completamente consolidadas; duas crianças fizeram relatos pessoais em que apenas enumeravam as atividades que faziam em casa (lavo prato, varro chão, forro cama) e quatro produziram texto de opinião, dos quais três apresentaram apenas ponto de vista. Ou seja, tais crianças, por ainda apresentarem dificuldades para representar graficamente o que desejavam, terminavam entregando uma resposta curta ao problema proposto. Embora tal fato seja mais marcante nessa turma, é importante considerarmos que, realmente, na 2ª série das redes públicas de ensino, a alfabetização ainda está sendo consolidada e que os textos tendem a ser menores e, dessa forma, com menor quantidade de informações. Os dados gerais da 2ª série mostram que 36,2% dos textos estavam entre os que escreveram apenas ponto de vista ou ponto de vista mais justificativa.

> Modelo 7: Ponto de vista + justificativa + justificativa
> da justificativa + restrição

Em todos os textos que vimos até agora, há claramente uma defesa de ponto de vista, seja pelo processo de justificação, seja pelo processo de contra-argumentação. Necessariamente, as crianças defenderam suas opiniões e/ou tentaram refutar opiniões diferentes. Tentaremos, nos próximos exemplos, mostrar situações em que, de alguma forma, elas falharam nesse propósito, ou seja, situações em que elas enfraqueceram seus pontos de vista, mas não conseguiram reafirmá-los. O texto 14, produzido por uma menina de 2ª série (8 anos), pode exemplificar tal questão.

Texto 14

Tarefa de classe

1) Dê sua opinião sobre (se) as crianças devem ou não trabalhar em casa? Por quê?

A criança deve ajudar a mãe em casa. A gente não só deve brincar, como ajudar. Quando a mãe vai trabalhar, a gente tem que lavar os pratos, como outras coisas, varrer casa. A nossa mãe trabalha para comprar roupa, comprar sapato. A gente tem que estudar para não ficar burro, para trabalhar, como ela trabalha fora. E para pegar um ônibus, tem que saber ler, como a gente que trabalha fora. A gente tem que estudar para saber ler, para pegar ônibus tem que saber ler, para trabalhar fora, como a mãe da gente.

Escola 3, 2ª série, 8 anos, sexo feminino.

Nesse texto, a aluna defende que a criança deve trabalhar em casa para ajudar a mãe ("A criança deve ajudar a mãe") porque ela trabalha fora para comprar roupa e sapato. Ou seja, ela consegue justificar seu ponto de vista, buscando garantir a aceitabilidade do argumento. No entanto, na continuidade do texto, a criança passa a defender o ponto de vista de que é preciso estudar e não o conecta ao argumento anterior. Essa ausência de uma conexão explícita pode levar o leitor a supor que o trabalho em casa pode atrapalhar "os estudos". Não há pistas no texto que apontem que é possível estudar e ajudar a mãe em casa.

Diante disso, podemos indagar se a dificuldade da criança está em antecipar pontos de vista (contra-argumentar) ou em articular as informações no interior do texto. Ou seja, levantamos, em relação a alguns textos como esse, que é possível que a criança não esteja conseguindo explicitar as relações entre as informações que ela mesma disponibiliza. A progressão temática, portanto, ficaria comprometida por problemas relacionados aos processos articuladores do texto.

Na verdade, as duas premissas mobilizadas (necessidade de ajudar a mãe; necessidade de estudar) são mandamentos da doutrina escolar. A criança, no entanto, sutilmente incorpora-as ao texto, sem defender que são concretamente viáveis ou harmonicamente possíveis. Dessa forma, ela recorre a um "valor escolar" para enfraquecer outro "valor escolar".

Levantamos, então, outra hipótese: a criança produziu um texto em que o ponto de vista defendido era o que ela achava que esperavam que ela defendesse. A criança, porém, nas entrelinhas, enfraqueceu-o. Assim, ao atender à ordem social dominante, ela a contornou.

> Modelo 8: ponto de vista + justificativa + restrição

O modelo 8 é similar ao modelo 7, pois o aluno apresentou um ponto de vista, justificou-o, acrescentou informações que enfraqueceram sua posição, mas não refutou tais restrições nem reafirmou o seu ponto de vista. A diferença entre os dois modelos é que no modelo 7 a justificativa é desenvolvida (justificativa da justificativa) e no modelo 8 isso não ocorre, deixando a argumentação ainda mais frágil. O texto 15 foi escolhido porque pretendemos, por meio dele, retomar essa questão referente às condições de produção de textos na escola: a representação que os alunos fazem sobre o que esperam que eles digam.

Texto 15

[manuscrito]

Opinião

Eu acho que devemos ajudar a mãe. Mas, por outro lado, o trabalho é pesado. Veja: lavar roupa, varrer casa e quintal, carregar 30 baldes de água por dia, ainda mais forrar a cama, dobrar lençol, carregar 10 baldes por dia. Mas o que eu gosto mesmo é de assistir televisão, mas quando eu ligo a televisão, meu pai chega e desliga. Aí eu fico com raiva e choro e não falo com ele por três dias. É só isso.

Escola 1, 4ª série, 11 anos, sexo masculino.

Esse menino iniciou o texto afirmando que as crianças devem trabalhar. No entanto, logo depois, ele, de forma exagerada, mostrou quão pesado é o trabalho para uma criança e disse que o que ele gostaria mesmo era de assistir à televisão. Não houve nenhuma retomada do ponto de vista e o texto foi finalizado.

Uma hipótese que podemos levantar é que essa não era, de fato, a posição dele. No entanto, ele, assumindo o papel social de aluno, viu-se impelido a concordar com a voz da "escola", que foi, inclusive, assumida pela professora no momento da produção, mediante a leitura do texto do jornal. Esse aluno, sabendo que na escola a posição valorizada era a de que é necessário dividir as tarefas, explicitou que concordava com ela, mas não defendeu tal ponto de vista. Essa questão põe em evidência discussões sobre os papéis sociais e as representações sobre as instituições. Conforme defende Rojo (1999), há, na escola, uma relação assimétrica entre professor e aluno, em que o aluno desempenha um papel subordinado tanto no campo cognitivo quanto no campo da distribuição de poderes na instituição.

Em suma, estamos retomando o princípio de que o lugar de onde enunciamos impõe limites ao que podemos dizer e ao como podemos dizer o que podemos dizer. Na escola, espera-se que os alunos digam aquilo que é defendido como moralmente ou socialmente aceito. No entanto, as estratégias para contornar as imposições podem ser identificadas, conforme mostramos nesse texto e no texto 14.

> Modelo 9: Ponto de vista 1 e ponto de vista 2

No modelo 9, foi classificado um texto em que o aluno apresentou justificativas para os dois pontos de vista (a criança deve fazer serviços domésticos e a criança não deve fazer serviços domésticos), mas não assumiu nenhum dos dois.

Por meio da análise do texto 16, retomamos as reflexões conduzidas a partir dos textos 14 e 15. O aluno mostrou que sabia que havia diferentes posições sobre o assunto e conhecia argumentos que justificariam os dois pontos de vista, no entanto não assumiu nenhum dos dois. Duas hipóteses podem ser pensadas a esse respeito: ou o aluno não tinha posição definida ainda, ou não queria expor o que pensava sobre o assunto.

Texto 16

Opinião de criança trabalhar

Eu acho que é bom e ruim. O ruim é que a criança trabalhar pode levar ferimentos, queimaduras, cortes e uma série de outras coisas de perigo. Também podem ficar mais fracas. Então, sempre é bom comer direito e fazer esportes.

O lado bom é que você fica já sabendo fazer. É bom (que) quando cresce, já sabe de tudo e não precisa de ajuda quando crescer.

Escola 4, 4ª série, 10 anos, sexo masculino.

Parece que encontramos, mais uma vez, as marcas das tensões entre as imposições de pontos de vista pela instituição escolar, de um lado, e, de outro, as estratégias de manutenção da voz do autor-aluno. Assim, verificamos que o poder da instituição não determinou de modo passivo o que os alunos disseram. Esses três últimos textos (14, 15 e 16) foram exemplos de estratégias para contornar o poder dominante que os interlocutores da escola exercem sobre os alunos.

Apesar de identificarmos em alguns textos essas marcas das tensões entre as expectativas escolares e as posições nem sempre compatíveis das crianças, precisamos reconhecer que a tendência à produção de um discurso homogêneo foi marcante. Tal fato pode ser evidenciado pela frequência com que os alunos defenderam o ponto de vista de que as crianças devem fazer os trabalhos domésticos.

A análise das posições defendidas pelos alunos mostrou que 85,9% defenderam o ponto de vista de que as crianças devem trabalhar em casa, contra 10,3% dos que disseram que as crianças não devem trabalhar em casa. Em 6 das 12 turmas, houve 100% de alunos defendendo a mesma posição. Nas outras seis, houve uma variação entre 52,6% e 90%. É possível que tal diferença seja decorrência do tipo de relação que se estabelece entre tais professoras e seus alunos.

Esse resultado mostra que houve um discurso homogêneo, que correspondeu ao que era esperado como boa resposta para a professora. De outro lado, é possível que a forma como a professora lida com as diferenças em sala de aula também tenha efeito sobre tal fenômeno. As análises das posições por série e por professora mostram tal efeito. Nas escolas 1, 2 e 3, apenas em uma turma (em cada escola) apareceu texto com ponto de vista de que as crianças não devem realizar serviços domésticos. Na escola 4, no entanto, em todas as turmas ocorreram casos em que crianças defenderam tal posição.

Tais dados fortalecem nossa posição de que os alunos pensam no professor como interlocutor durante o processo de escrita e são, por isso, contagiados pelo que já conhecem sobre a cultura escolar e sobre esses interlocutores, como assumindo o papel social de "professores". Esse postulado fica fortalecido pelas análises que fizemos da distribuição dos textos, tomando como referência os modelos textuais citados acima, por série e turma.

TABELA 16

Frequência de tipos de configurações textuais por série

CONFIGURAÇÃO TEXTUAL	SÉRIES						TOTAL	
	2ª		3ª		4ª			
	Freq.	%	Freq.	%	Freq.	%	Freq.	%
1. PV + JUS + JJ + REST + REF	04	8,5	06	12,5	13	21,3	23	14,7
2. PV + JUS + REST + REF	06	12,8	07	14,6	07	11,5	20	12,8
3. PV + JUS + JJ	14	29,8	17	35,4	11	18,0	42	26,9
4. PV +JUS	12	25,6	13	27,1	11	18,0	36	23,1
5. PV + REST + REF	02	4,3	03	5,3	02	3,3	07	4,4
6. PV	07	14,9	02	4,2	05	8,2	14	9,0
7. PV + JUS + JJ + REST	01	2,1	--	--	03	4,9	04	2,6
8. PV e/ou JUS + REST	01	2,1	--	--	07	11,5	08	5,1
9. PV1 + PV2	--	--	--	--	02	3,3	02	1,3
TOTAL	47	100,1	48	100,1	61	100	156	99,9

PV: ponto de vista; JUS: justificativa; JJ: justificativa da justificativa; REST: restrição; REF: refutação; NPV: novo ponto de vista; PV1 + PV2: ponto de vista 1 + ponto de vista 2.

Por meio da análise dos dados, pudemos perceber que a maior parte das crianças apresentou o texto composto por ponto de vista, justificativa e justificativa da justificativa (26,9%) ou de textos constituídos por ponto de vista e justificativa (23,1%). Um rápido resgate das discussões realizadas no capítulo anterior reiteraria a ideia de que as crianças dessa faixa etária (8 a 12 anos) são capazes de produzir uma argumentação simples (ponto de vista + justificativa), mas não uma argumentação elaborada.

No entanto, verificamos que um percentual de 14,7% das crianças construiu textos contendo todos os componentes comuns aos textos argumentativos (ponto de vista, justificativa, justificativa da justificativa, restrição e refutação) e 12,8% construíram textos com ponto de vista, justificativa, restrição e refutação. Ou seja, 27,5% das crianças utilizaram tanto as estratégias de justificação quanto as de contra-argumentação com refutação num mesmo texto.

Um olhar sobre a distribuição dos desempenhos por série mostra que a maior concentração de crianças que apresentaram argumentação do tipo "ponto de vista + justificativa" encontra-se na 3ª série (27,1%), decrescendo na 2ª série (25,6%) e mais ainda na 4ª série (18%). Em relação aos textos com ponto de vista, justificativa e justificativa da justificativa, a mesma tendência foi encontrada: 35,4% para 3ª série, 29,8% para 2ª série e 18% para 4ª série. Em relação à composição com todos os componentes citados, a concentração maior aparece na 4ª série (21,3%), decrescendo na 3ª série (12,5%) e na 2ª série (8,5%). Em suma, percebemos um baixo efeito do tempo de escolaridade sobre os modelos textuais produzidos.

Se considerarmos as hipóteses de que as dificuldades são oriundas da incapacidade de as crianças jovens estabelecerem contra-argumentação durante o processo de escrita e fizermos um somatório de todas as crianças que apresentaram contra-argumentações em seus textos, concluiremos que 41% das crianças apresentaram contra-argumentação e que, portanto, não são incapazes de construir textos argumentativos com contra-argumentação.

No entanto, se quisermos inserir na discussão a hipótese de que as crianças criam diferentes estratégias de persuasão e que tais estratégias são oriundas das formas como elas representam as situações de interação, precisaremos tentar entender os diferentes modos de atender ao comando dado na tarefa.

Na verdade, no comando, foi explicitado que elas deveriam tentar convencer colegas de outra turma da escola sobre o tema em questão. Ou seja, diante do dilema "crianças devem ou não realizar trabalhos domésticos", as crianças iriam usar suas próprias estratégias de convencimento. Não foram dadas orientações sobre que gêneros textuais adotar, fazendo com que aparecessem textos do tipo "resposta à pergunta de opinião", que é um gênero frequente na escola, conforme apontaram Leal, Guimarães e Santos (2003).

Em situações de responder a perguntas, o aluno deve apresentar seu ponto de vista e justificá-lo, de modo similar ao que propõem algumas professoras quando orientam os alunos a produzir textos de opinião.

De outro lado, podemos questionar se todos os gêneros textuais que são predominantemente argumentativos e que circulam socialmente são constituídos de todos esses elementos propostos. Será que esse protótipo não é mais um modelo de estudos acadêmicos que tendemos a assumir como único legítimo?

Diante do baixo impacto do tempo de escolaridade sobre os modelos textuais produzidos, decidimos investigar se as orientações e experiências escolares exerceram efeitos sobre as diferentes estratégias adotadas. Para tal, realizamos, a princípio, uma análise dos desempenhos das crianças por grupo – classe em cada série.

2ª série

Ao analisarmos as crianças de 2ª série, percebemos que 74,6% dos alunos produziram textos de opinião, totalizando 47 textos coletados. Quando analisamos os desempenhos das crianças por grupo classe, pudemos observar uma grande assimetria, pois se em uma turma foram encontrados 91,7% de textos de opinião, nas outras encontramos 25%, 66,7% e 87,9%. Diante desses resultados, formulamos a hipótese de que as experiências enquanto grupo-classe interferiram na forma como as crianças atenderam ao comando dado. É em razão dessa hipótese que analisaremos as diferentes configurações textuais assumidas nos textos de opinião por grupo-classe.

Do total de 156 textos, 29,8% continham ponto de vista + justificativa + justificativa da justificativa e apenas 8,5% conjugavam estratégias de inserir justificativa da justificativa e contra-argumentação.

Ao atentarmos para a distribuição desses alunos por escola, verificamos que nas turmas que apresentaram menor quantitativo de alunos escrevendo textos de opinião (turma 1: 25% e turma 2: 66,7%) não houve nenhum texto com justificativa da justificativa e contra-argumentação. Na turma 1, as poucas crianças que produziram textos argumentativos o fizeram através da forma ponto de vista + justificativa (66,7%) e ponto de vista + justificativa + justificativa da justificativa (33,3%). Na turma 2, houve predominância de textos apenas com ponto de vista (75%), seguidos de textos com ponto de vista + restrição + refutação (25%).

TABELA 17
Frequência de textos quanto à configuração geral e quanto ao professor/escola na 2ª série

CONFIGURAÇÃO TEXTUAL	ESCOLA / PROFESSOR								TOTAL	
	1		2		3		4			
	Freq.	%	Freq.	%	Freq.	%	Freq.	%	Freq.	%
1. PV + JUS + JJ + REST + REF	-	-	-	-	3	10,3	1	9,1	4	8,5
2. PV + JUS + REST + REF	-	-	-	-	2	6,9	4	36,4	6	12,8
3. PV + JUS + JJ	1	33,3	-	-	10	34,5	3	27,3	14	29,8
4. PV + JUS	2	66,7	-	-	8	27,6	2	18,2	12	25,6
5. PV + REST + REF	-	-	1	25,0	-	-	1	9,1	2	4,3
6. PV	-	-	3	75,0	4	13,8	-	-	7	14,9
7. PV + JUS + JJ + REST	-	-	-	-	1	3,4	-	-	1	2,1
8. PV e/ou JUS + REST	-	-	-	-	1	3,4	-	-	1	2,1
9. PV1 + PV2	-	-	-	-	-	-	-	-	-	-
TOTAL	3	100	4	100	29	99,9	11	100,1	47	100,1

PV: ponto de vista; JUS: justificativa; JJ: justificativa da justificativa; REST: restrição; REF: refutação; NPV: novo ponto de vista; PV1 + PV2: ponto de vista 1 + ponto de vista 2.

Na escola 1, a professora tinha uma prática muito centrada em questões gramaticais e não havia preocupação com o contexto de interlocução. Para essa professora, mandar produzir um texto sem delimitar finalidade, gênero ou destinatário parecia ser comum. Os textos dos alunos, consequentemente, também não mostravam engajamento em processo interlocutivo. Havia claramente um atendimento geral ao que se pedia. Eles respondiam à pergunta e, no máximo, apresentavam uma justificativa, de modo similar ao que as crianças fazem nas atividades em que são postas perguntas de opinião sobre temas diversos.

Na escola 2, a ação da professora era mais pautada na concepção de que o texto constituía-se enquanto objeto de interação e de reflexão. No entanto, conforme já apontamos, a turma era composta predominantemente por alunos que não dominavam a escrita alfabética, de forma que, dos 16 textos coletados, 10 eram ilegíveis. Essa professora, em duas das aulas, propôs a escrita de "história" e, na última aula, não definiu o gênero, pedindo-lhes que escrevessem algo sobre meio ambiente para organizar um painel. Nessa aula, em que os alunos deveriam convencer as pessoas a proteger o meio ambiente, não houve nenhuma reflexão sobre a estrutura do texto ou mesmo sobre a situação de interação proposta.

As crianças das outras duas turmas produziram textos com diferentes estruturas textuais. Na turma 3, houve predominância de textos do tipo ponto de vista + justificativa + justificativa da justificativa (34,5%), seguidos da estrutura ponto de vista + justificativa (27,6%). 17,2% das crianças produziram textos com justificativa da justificativa e contra-argumentação com refutação (Modelo 1 + Modelo 2).

A professora dessas crianças, nas aulas observadas, desenvolvia uma postura reflexiva, em que o texto era proposto para mediar situações de interação com finalidades claras (álbum sobre a família, propaganda para uma revista, carta para uma atleta que visitou a escola). Apesar de não haver grande quantidade de textos com inserção de contra-argumentos (apenas 24,1% dos textos tinham contra-argumentação), houve um quantitativo razoável de textos com presença de justificativa da justificativa (48,2%).

Na turma 4, a predominância de textos recaiu na estrutura ponto de vista + justificativa + restrição + refutação (36,4%), seguida de ponto de vista + justificativa + justificativa da justificativa (27,3%). A professora dessa turma realizava muitas discussões em sala de aula sobre a importância do interlocutor e da finalidade do texto e promovia situações de escrita em que os alunos interagiam com interlocutores variados. Os alunos tinham grande familiaridade com as situações de planejar e reescrever o texto pensando no interlocutor.

A fim de investigar se essa discrepância entre turmas acontecia nas outras séries, analisamos também os textos da 3ª e 4ª séries por turma.

3ª série

Na 3ª série, 75% dos alunos produziram textos de opinião (48 crianças). A comparação por escola apontou que em uma turma 93,8% dos alunos produziram texto de opinião, seguido das outras turmas que apresentaram 90,9%, 76,9% e 54,2%. Ou seja, o efeito do pertencimento a uma turma foi grande em relação à espécie de composição.

Esses textos de opinião assumiram diferentes modelos, prevalecendo os textos constituídos de ponto de vista + justificativa + justificativa da justificativa (35,4%). As análises por turma mostram que, na turma 4, 60% dos alunos construíram textos contendo todos os elementos propostos (ponto de vista + justificativa + justificativa da justificativa + restrição + refutação) e, na escola 1, 46,2% tiveram resultado parecido, pois tais crianças incorporaram ao texto o ponto de vista + justificativa + restrição + refutação. Nas outras turmas, nenhuma criança produziu tais modelos textuais.

TABELA 18

Frequência de textos quanto à configuração geral e quanto ao professor/escola na 3ª série

CONFIGURAÇÃO TEXTUAL	ESCOLA / PROFESSOR								TOTAL	
	1		2		3		4			
	Freq.	%	Freq.	%	Freq.	%	Freq.	%	Freq.	%
1. PV + JUS + JJ + REST + REF	-	-	-	-	-	-	6	60,0	6	12,5
2. PV + JUS + REST + REF	6	46,2	-	-	-	-	1	10,0	7	14,6
3. PV + JUS + JJ	2	15,4	2	20,0	10	66,7	3	30,0	17	35,4
4. PV +JUS	2	15,4	6	60,0	5	33,3	-	-	13	27,1
5. PV + REST + REF	3	23,1	-	-	-	-	-	-	3	6,3
6. PV	-	-	2	20,0	-	-	-	-	2	4,2
7. PV + JUS + JJ + REST	-	-	-	-	-	-	-	-	-	-
8. PV e/ou JUS + REST	-	-	-	-	-	-	-	-	-	-
9. PV1 + PV2	-	-	-	-	-	-	-	-	-	-
TOTAL	13	100,1	10	100	15	100	10	100	48	100,1

PV: ponto de vista; JUS: justificativa; JJ: justificativa da justificativa; REST: restrição; REF: refutação; NPV: novo ponto de vista; PV1 + PV2: ponto de vista 1 + ponto de vista 2.

As análises das práticas das professoras mostram, mais uma vez, que o tipo de intervenção pedagógica parece ter influenciado os tipos de estratégias adotados pelas crianças. A professora da escola 1 demonstrou, nas aulas observadas, que a concepção de texto como objeto de interação e de reflexão é predominante em sua prática.

Nessas aulas, ela explicitava a finalidade, o gênero a ser produzido e o destinatário. O engajamento dos alunos na situação de escrita ficava claro tanto quando observávamos o processo de justificação quanto o de contra-argumentação. Apesar de não ter havido muitos textos com presença de justificativa da justificativa (apenas 15,4%), houve grande incidência de textos com contra-argumentação (69,2%).

Na escola 4, que mais agregou os alunos que apresentaram justificação e contra-argumentação no texto, a professora demonstrou grande familiaridade com atividades de reflexão durante a aula de elaboração textual. As tarefas de escrita conduziam os alunos a atender aos comandos, que eram dados por meio da explicitação das finalidades, gêneros e destinatários. Os resultados dos alunos mostraram que 90% inseriram justificativa da justificativa em seus textos e 70% inseriram contra-argumentação.

Nas outras duas turmas (escolas 2 e 3), em que prevaleceram os modelos constituídos por ponto de vista mais justificativa, as observações de aula mostraram que a ação das professoras era centrada em atividades de escrita de textos sem delimitação clara de situações de interlocução. Os alunos escreviam para o professor sem definição de finalidades sociais.

Os alunos da escola 2 não inseriram justificativa da justificativa (90% dos textos não apresentavam tal tipo de estratégia) e nem contra-argumentação (100% dos textos).

Na escola 3, apesar de não ter havido inserção de contra-argumentação, houve um quantitativo razoável de justificativa da justificativa (66,7%). Concebemos que talvez tenha ocorrido algum efeito das discussões travadas no dia da realização da atividade.

4ª série

Na 4ª série (10 a 12 anos), 78,2% dos alunos produziram textos de opinião (61 textos). As discrepâncias entre as turmas também aconteceram. Em duas turmas, 100% dos alunos produziram textos de opinião (turmas 2 e 4), enquanto na turma 3 o percentual foi de 67,9% e na turma 1 foi de 55,6%. Mais uma vez, o efeito do grupo foi notável.

Os textos de opinião também foram bastante diversificados. Nas turmas 4 e 1, respectivamente, encontramos 53,9% (15,4% + 38,5%) e 50% (40% + 10%) de textos que agregaram simultaneamente justificativa e justificativa e contra-argumentação com refutação. Na escola 3, 36,8% (31,5% + 5,3%) o fizeram. Na outra turma (escola 2), o percentual foi de 5,3%. Mais uma vez, podemos perguntar os motivos de tais diferenças e apontar que talvez as representações das crianças sobre o que esperam delas sejam diferentes em decorrência das atividades cotidianas de produção de textos que fazem na escola. Ou, ainda, podemos hipotetizar que elas têm diferentes competências em consequência dessas experiências escolares.

TABELA 19

Frequência de textos quanto à configuração geral e quanto ao professor/escola na 4ª série

CONFIGURAÇÃO TEXTUAL	ESCOLA / PROFESSOR								TOTAL	
	1		2		3		4			
	Freq.	%	Freq.	%	Freq.	%	Freq.	%	Freq.	%
1. PV + JUS + JJ + REST + REF	4	40,0	1	5,3	6	31,5	2	15,4	13	21,3
2. PV + JUS + REST + REF	1	10,0	-	-	1	5,3	5	38,5	7	11,5
3. PV + JUS + JJ	1	10,0	6	31,5	3	15,8	1	7,7	11	18,0
4. PV +JUS	2	20,0	5	26,3	3	15,8	1	7,7	11	18,0
5. PV + REST + REF	-	-	-	-	1	5,3	1	7,7	2	3,3
6. PV	-	-	4	21,0	1	5,3	-	-	5	8,2
7. PV + JUS + JJ + REST	1	10,0	1	5,3	1	5,3	-	-	3	4,9
8. PV e/ou JUS + REST	1	10,0	1	5,3	3	15,8	2	15,4	7	11,5
9. PV1 + PV2	-	-	1	5,3	-	-	1	07,7	2	3,3
TOTAL	10	100	19	100	19	100,1	13	100,1	61	100

PV: ponto de vista; JUS: justificativa; JJ: justificativa da justificativa; REST: restrição; REF: refutação; NPV: novo ponto de vista; PV1 + PV2: ponto de vista 1 + ponto de vista 2.

Os grupos nos quais apareceu maior quantidade de textos incorporando justificativa da justificativa e contra-argumentação com refutação foram os das escolas 1 e 4. Na escola 1, a professora evidenciava em sua prática pedagógica uma concepção de texto como objeto de interação e de reflexão. As atividades tendiam a inserir o aluno em situações de interação pela escrita. Os dados mostram que 60% dos alunos inseriram no texto justificativa da justificativa e 70% inseriram contra-argumentação.

A professora da escola 4, apesar de ter desenvolvido atividades em que os alunos produziam textos com finalidades claras, a partir de orientações com delimitação dos gêneros que deveriam ser produzidos, não realizava reflexões sobre a estrutura textual, nem sobre as situações de interação e solicitava a escrita de textos que circulariam apenas entre as pessoas do grupo-classe. Apesar disso, os alunos mostraram familiaridade com os gêneros textuais que estavam produzindo. Um dado que pode ser levado em consideração é que, nessa escola, os alunos participavam continuamente de projetos didáticos que envolviam toda a comunidade escolar. Nesses eventos, eles produziam textos e realizavam outras atividades para os colegas, professores e familiares. Na atividade de escrita desse estudo, eles desenvolveram estratégias para conduzir o leitor mediante a inserção de contra-argumentos (84,6%) e de justificativas das justificativas (30,8%). Como podemos ver, a inserção de justificativa da justificativa foi menos frequente que o observado na turma da escola 1.

Na escola 3, o tipo de intervenção pedagógica também foi permeado por uma concepção de texto como objeto de interação e de reflexão. A professora promovia situações de escrita com delimitação de finalidades, gêneros textuais e destinatários. Os alunos produziram em menor quantidade os textos com conjugação de elementos de justificativa da justificativa e contra-argumentação com refutação (36,8%), embora a presença de contra-argumentos tenha sido grande (63,2%) e de justificativa da justificativa também (52,7%).

Na escola 2, as situações de escrita observadas eram de produção de textos sem delimitação das finalidades ou dos destinatários. Ainda assim, 42,1% dos textos continham justificativa da justificativa e 21% apresentaram contra-argumentação. Os alunos produziram textos predominantemente constituídos por ponto de vista, justificativa e justificativa da justificativa (31,5%) ou ponto de vista e justificativa (26,3%).

Nas análises até este momento realizadas, observamos que os alunos produziram diferentes modelos textuais. Buscamos, para discutir tais dados, categorizar os textos segundo esses modelos encontrados. No entanto, podemos, para melhor visualizar as tendências gerais e analisar, no próximo capítulo, as influências dos tipos de prática pedagógica sobre as estratégias adotadas pelas crianças, reagrupar os modelos textuais encontrados em uma nova forma de categorização.

Assim, classificamos os modelos textuais em três grupos: 1) os textos em que os autores aliaram estratégias de justificação com as de contra-argumentação; 2) os textos em que havia a presença de justificativa da justificativa ou de contra-argumentos, além do ponto de vista e justificativa; 3) textos com ponto de vista e justificativa ou apenas ponto de vista.

É importante que reconheçamos, como dissemos no início das análises dos dados deste capítulo, que qualquer forma de agrupamento já é, em si, um apagamento das singularidades. Quando os textos foram classificados quanto aos modelos textuais, perdemos de vista muitos dos procedimentos utilizados pelas crianças para inserir os componentes textuais ou mesmo as estratégias que conduziam os leitores ao ponto de vista sem inserir alguns daqueles componentes.

Esse segundo agrupamento simplifica mais ainda os dados, de forma que perdemos a diversidade de modelos produzidos para enfocar mais as estratégias no que diz respeito à inserção dos processos de justificação e/ou negociação. Reafirmamos, no entanto, que o texto não é necessariamente melhor por ter agrupado estratégias de justificação e contra-argumentação, dado que vimos exemplos de textos que tinham apenas justificação ou apenas contra-argumentação, mas que atendiam aos critérios de aceitabilidade, suficiência e relevância. Apontamos, inclusive, que o fato de a criança apresentar apenas ponto de vista e justificativa pode decorrer de uma representação de que a justificativa é suficientemente forte para garantir a aceitabilidade pelo leitor. Essas análises, portanto, precisam ser encaradas como outra forma de exploração dos dados.

Após a segunda classificação dos textos (reagrupamento), investigamos a distribuição dos alunos por série. A comparação entre as séries evidenciou, por meio do teste de Qui-quadrado, que houve diferença significativa entre os grupos.

A distribuição desses modelos textuais (reagrupados) por série aponta que, de fato, na 2ª série são encontrados mais textos só com ponto de vista ou na estrutura ponto de vista mais justificativa, semelhante ao gênero resposta à pergunta, conforme já discutimos anteriormente. No entanto, não foram observadas diferenças entre a 2ª e a 3ª série no que se refere ao modelo em que foram conjugados os componentes de justificativa da justificativa e contra-argumentação. Dessa forma, observamos que, embora tenha havido efeito da série, foram encontrados todos os modelos textuais em todas as séries, e a conjugação dos componentes justificativa da justificativa e contra-argumentação apareceram com maior frequência na 4ª série (49,2%), que se diferenciou dos outros dois grupos (25,5% e 27,1%).

TABELA 20

Modelos textuais (agrupados) por série

MODELOS DE TEXTOS (AGRUPADOS)	SÉRIE						TOTAL	
	2ª série		3ª série		4ª série			
	Freq.	%	Freq.	%	Freq.	%	Freq.	%
Justificação + contra-argumentação	12	25,5	13	27,1	30	49,2	55	35,3
Só Justificação (justificativa da justificativa) ou só contra-argumentação	16	34,0	20	41,7	15	24,6	51	32,7
Só ponto de vista ou ponto de vista + justificativa	19	40,4	15	31,3	16	26,2	50	32,1
Total	47	100	48	100	61	100	156	100,0

Conclusões

Concebendo que a argumentação emerge em situações em que existem controvérsias (ideias passíveis de refutação) e que diferentes estratégias podem ser utilizadas para convencer "o outro" de nossos pontos de vista, procuramos identificar alguns modelos textuais produzidos pelos alunos. Buscamos, assim, entender as estratégias argumentativas das crianças para defender seus pontos de vista e os efeitos dos tipos de intervenção didática sobre os modelos textuais que elas produziram em situação de escrita de texto de opinião.

Dessa forma, centramos nossas reflexões nas análises dos modelos textuais produzidos. Partindo do pressuposto citado por Bronckart (1999, p. 226) de que "é do peso dos suportes e das restrições que depende a força das conclusões", buscamos identificar, neste capítulo e no anterior, se as crianças utilizaram estratégias de inserção de justificativa da justificativa e de contra-argumentação para inserir as diferentes vozes no texto.

Os dados levaram à conclusão de que crianças de diferentes idades inserem diferentes vozes no texto, seja por meio da justificativa da justificativa, seja por meio da contra-argumentação. As proposições ora apareciam explicitamente, ora eram implicitamente acessíveis aos leitores. As análises das estratégias de apresentação do ponto de vista, assim como dos mecanismos de justificação e contra-argumentação, mostraram que a condução do leitor por meio de pistas para a leitura do que está implícito foi muito utilizada nos textos das crianças, evidenciando o papel de destaque que a inferência tem na atividade argumentativa.

Assim, as crianças mostraram que sabem adotar estratégias de fornecimento de pistas para a elaboração de inferências pelo leitor, mas, em muitos textos, observamos que as crianças não pareciam considerar um interlocutor que não conhece o contexto imediato de produção.

Por fim, as discussões foram orientadas para a ideia de que as diferentes estratégias levam à construção de diferentes modelos textuais, tema que desenvolvemos neste capítulo. De início, detectamos que havia três modelos básicos que se mesclavam e que pareciam encontrar referência em algumas práticas de sala de aula ou de contextos não escolares: 1) textos em que os alunos davam a opinião sobre o tema em si, buscando convencer o leitor; 2) textos em que, embora o aluno apresentasse o seu ponto de vista, enfocava mais intensamente o texto lido (comentário sobre a reportagem); 3) textos em que os alunos respondiam à questão proposta (resposta à pergunta). Este último modelo ora parecia ter referência nas perguntas de interpretação de textos, em que os alunos dizem se concordam com algo relacionado ao texto lido e justificam a resposta dada, ora parecia com turnos de conversação oral, tema que foi discutido por Perelman (2001).

A fluidez entre tais estratégias impossibilitou uma classificação dos textos nessas três categorias, dado que muitos deles tinham caráter híbrido. Outros autores, como Barros (1999) e Abaurre, Mayrink-Sabinson e Fiad (2003), já haviam chamado a atenção para a presença de textos pertencentes a mais de um gênero e aos embriões de gêneros em escritas infantis.

Levantamos a hipótese de que tal fenômeno também decorreria do fato de que, conforme discutimos, diante da situação de interação, o escritor adota um (ou mais de um) gênero e recorre a processos de adaptação, tendo em vista as condições particulares de interação. Esse pressuposto encontra eco em outros autores, tais como Schneuwly (1988) e Boissinot e Lasserre (1989).

A fim de classificar os textos, tentando traçar um perfil dos grupos analisados, recorremos à análise das estruturas adotadas, tomando como eixo os componentes textuais da argumentação citados por Bronckart. Os textos de opinião foram agrupados em nove modelos, dentre os quais alguns apresentavam incorporação de justificação e/ou contra-argumentação, alguns eram compostos de uma estrutura mais parecida com o gênero "resposta à pergunta de opinião" (ponto de vista ou ponto de vista + justificativa) e outros incorporavam restrições que não eram refutadas, levando-nos a imaginar que não estava havendo, de fato, uma defesa do ponto de vista declarado.

Verificamos que existiu uma dispersão entre as escolas, em cada série, sobre o modelo textual produzido, evidenciando que os tipos de intervenção pedagógica das professoras provocavam grandes diferenças entre as turmas. No capítulo seguinte, tais questões serão aprofundadas.

Voltando ao assunto...
A prática pedagógica do professor influencia os modelos textuais que os alunos produzem?

Como vimos discutindo até agora, acreditamos, a partir das evidências apresentadas nos Capítulos 2 e 4, que as crianças dos anos iniciais do Ensino Fundamental são capazes de argumentar oralmente e por escrito. Defendemos que tais capacidades são desenvolvidas tanto em situações cotidianas, em que elas se deparam com situações em que têm que dialogar sobre temas polêmicos ou convencer os adultos e os colegas a realizar seus desejos, quanto na própria escola, quando se deparam com situações diversificadas de escrita.

No Capítulo 3, apresentamos um estudo mostrando que em turmas de 2ª a 4ª séries orientadas por professoras que apresentavam concepções sociointeracionistas de língua e de ensino de língua, foram produzidos mais textos com desenvolvimento de cadeias argumentativas, com apresentação de justificativas das justificativas e contra-argumentação, que em turmas em que as aulas eram "descontextualizadas", ou seja, em que não havia explicitação e diversificação de finalidades e destinatários para a escrita dos textos.

Neste capítulo, continuaremos a debater esse tema, por meio da análise dos modelos textuais produzidos pelos alunos dessas professoras apresentadas no Capítulo 3. Partimos do pressuposto já defendido anteriormente de que, diante da situação de interlocução, adotamos gêneros textuais com os quais temos familiaridade e os adaptamos para dar conta da atividade proposta.

Para aprofundar essa conversa, começaremos com a exposição de reflexões sobre a produção de textos na escola e de questões relativas aos protótipos textuais que emergem nessa instituição.

A construção de protótipos textuais na escola

Alguns autores, como Miranda (1995), Costa (2000) e Rodrigues (2000), vêm denunciando uma tendência à homogeneização do discurso na escola. Calil (2000, p. 53), também refletindo sobre tal questão, afirma:

> Esta relação que se estabelece entre o professor, o aluno e o texto que escreveu compõe um imaginário que parece apagar a heterogeneidade e singularidade das práticas de textualização, constituindo um processo de significação sobre as relações entre sujeito e texto, de forma linear, higiênica, objetiva e homogênea.

Quanto à produção de textos em que se busca argumentar, verificamos uma tentativa de fixar "protótipos" textuais, reincidentes nos dizeres dos autores que tratam do ensino da língua, conforme mostramos no Capítulo 1, de pesquisadores que analisam textos de crianças e adultos, e nas práticas de ensino.

Diversos autores, como Golder (1996), Lagos (1999) e Moreno (2001), alimentam a perspectiva "prescritiva" das estruturas textuais quando propõem a existência de níveis de desenvolvimento da competência argumentativa baseados na organização estrutural dos textos.

Lagos (1999), por exemplo, supõe a existência de cinco níveis de "competência argumentativa" que são subdivididos em categorias. Nessa perspectiva, existiria um nível em que o indivíduo não é capaz de apresentar a estrutura argumentativa mínima (ponto de vista + 1 argumento) até o nível 5, em que o indivíduo apresenta o ponto de vista acompanhado por dois ou mais argumentos válidos e contra-argumentos. Assim, há uma tendência a achar que existe um modelo de texto ideal para atendimento às situações em que precisamos defender pontos de vista.

Moreno (2001, p. 31), a partir da perspectiva textual de Lagos, analisou textos de 20 estudantes universitários, concluindo que

> os resultados obtidos na avaliação da produção de textos argumentativos escritos por este grupo de estudantes que ingressavam na carreira de formação docente mostram que as mais altas percentagens se encontram no nível I e II (70%). Isto significa que este grupo mostra debilidades para construir um texto com a estrutura argumentativa mínima: ou não existe claramente uma opinião definida e os argumentos não se relacionam com o tema ou tópico da tarefa (nível I), ou têm uma opinião sem proposta de argumentos válidos que a sustentem, ou não existe opinião explícita e sim argumentos que a pressupõe.

Como podemos verificar, há uma concepção de que o modelo textual a ser produzido seria aquele em que haveria um ponto de vista explícito, seguido de justificativas e contra-argumentação. Questionamos tal pressuposição por considerarmos que nem sempre é esse o melhor modelo textual e que existem diferentes gêneros da ordem do argumentar e, portanto, diferentes modelos estruturais a adotar.

É indispensável a comparação entre os dados obtidos por Moreno (2001), que denuncia que a maioria dos estudantes universitários pesquisados não tinha capacidade de produção de textos argumentativos, e os obtidos em estudos de outros autores, como o de Brassart (1990 a), Leite e Vallim (2000) e Souza (2003), que evidenciam que crianças conseguiram apresentar e justificar seus pontos de vista, para refletirmos sobre os efeitos de uma perspectiva teórica que não considera a linguagem em sua dimensão social, cultural e histórica.

No estudo de Moreno (2001), solicitou-se aos alunos que escrevessem a partir de um tema genérico: "O problema da droga na juventude venezuelana", assumindo um papel subordinado (aluno) em uma instituição (escola) que tem por função "defender os valores socialmente aceitos". Souza (2003) atenta também para esse aspecto na análise dos textos de crianças, mostrando que, diante desses temas, os alunos inseriram com menor frequência a contra-argumentação. De outro lado, as análises não foram feitas de modo a valorizar o uso de estratégias de condução dos leitores aos processos inferenciais, pois foram considerados melhores os textos em que o ponto de vista era explicitado.

Assim, não houve uma reflexão sobre as diferentes estratégias utilizadas pelos jovens no atendimento à tarefa, porque havia o pressuposto de um protótipo único de texto argumentativo para lidar com diferentes situações de interlocução. Talvez essa tenha sido a causa de haver diferença tão marcante entre os resultados desse estudo com estudantes universitários e os outros que citamos, que enfocaram as capacidades de crianças.

Para superarmos essa tendência à homogeneização, precisamos, como discutimos no Capítulo 4, avaliar os textos dos alunos analisando a própria situação de produção e as experiências dos alunos no contexto de interlocução. Alguns estudos de intervenção podem ajudar a pensar nessas questões, pois eles vêm mostrando que, dependendo da situação e do tipo de intervenção, os alunos podem apresentar diferentes modelos textuais.

Levantamos a hipótese de que, nos estudos de intervenção, quando os professores ou pesquisadores realizam as atividades em sala de aula, eles, de um lado, levam os alunos a ativar os conhecimentos que já dispõem sobre os diferentes gêneros textuais; de outro, auxiliam os alunos a desenvolver novas capacidades e conhecimentos sobre os gêneros textuais conhecidos e novos e a utilizar recursos linguísticos para atender aos propósitos de interação; e, ainda, ajudam os alunos a construir representações sobre as expectativas da "escola" e dos "outros" interlocutores quanto aos textos que produzem.

Um exemplo de estudo a ser citado é de Dolz (1996). A pesquisa foi realizada com 80 crianças, na faixa etária de 11 e 12 anos, de diferentes escolas de Genebra. O desenho experimental clássico foi adotado: pré-teste; intervenção; pós-teste. As crianças foram divididas em quatro grupos: dois grupos experimentais e dois grupos controle. As atividades usadas no pré-teste foram de dois tipos: escrita de um texto para defesa judicial de um réu e escrita de um texto para defender um projeto social diante de um grupo de conselheiros. Como podemos ver, as duas situações eram imaginárias e representavam esferas sociais distintas. As discussões anteriores sobre a dupla face da produção de textos na escola devem aqui ser consideradas. Os alunos precisavam, naquele momento, atender ao objetivo didático de escrever segundo o que achavam que esperavam deles na escola (pois foi nessa instituição que a atividade se desenvolveu) e ao objetivo social (convencer um júri ou um grupo de conselheiros imaginários). Como os interlocutores eram imaginários, eles precisavam idealizar o que os interlocutores reais (pesquisadores no espaço escolar) concebiam que deveria ser feito para convencer os interlocutores imaginários. Após a intervenção, os alunos foram chamados, no pós-teste, a revisar e reescrever seu próprio texto.

Os resultados apontaram que houve diferenças no pré-teste, entre os dois tipos de situação, pois na situação em que as crianças escreveram para defender um projeto social (grupo experimental 2) foram produzidos mais argumentos e contra-argumentos. No entanto, na situação em que eles precisaram defender um réu diante de um júri (grupo experimental 1), eles produziram mais justificativas das justificativas. Percebemos, pois, que as situações levaram as crianças a adotar diferentes estratégias argumentativas.

Rosenblat (2000) também encontrou diferenças entre os textos produzidos a partir de três diferentes situações de produção. Nesse ponto, concordamos com Boissinot e Lasserre (1989) quando propõem que diferentes circuitos argumentativos supõem escolha de diversas estratégias possíveis e que tais escolhas são limitadas por planos que envolvem convenções específicas de determinadas situações de comunicação.

Dolz (1996) observou, ainda, diversos efeitos da intervenção: aumento na quantidade de argumentos, aumento na quantidade de justificativa da justificativa; aumento de contra-argumentos; aumento de textos com introdução, aumento de expressões linguísticas próprias do processo argumentativo, dentre outras.

Apesar de termos várias pesquisas mostrando que a intervenção didática pode levar os alunos a produzir textos argumentativos, "o ensino sistemático da argumentação é introduzido tardiamente no fim da escola obrigatória (15/15 anos)." (DOLZ, 1996, p. 228). Sendo assim, os alunos mais jovens podem não ter uma ideia clara sobre as estruturas textuais esperadas na escola, o que explicaria por que em alguns estudos os textos deles se distanciam tanto do que é prescrito em manuais de redação que são comuns nos anos posteriores de escolarização.

Uma análise da sequência utilizada no estudo de Dolz (1996), durante a intervenção, ajuda a entender tal hipótese. A proposta de ensino foi desenvolvida em apenas dez encontros de uma hora e trinta minutos. Em cada encontro, objetivos específicos foram contemplados: reconhecer 'textos argumentativos', reconhecer os tipos de situação em que se produzem 'textos argumentativos', utilizar articuladores lógicos, usar forma polida de endereçamento, introduzir contra-argumentos, introduzir o objetivo no texto, desenvolver controle para revisão textual, dentre outros.

Na verdade, se os alunos não tivessem já uma capacidade para defender pontos de vista, seria difícil, em tão pouco tempo, desenvolver tantas competências. Uma análise da descrição da intervenção faz notar que em apenas quatro encontros os alunos se envolveram em uma tarefa de escrita propriamente dita. Nos outros encontros, as tarefas eram de análise de textos e reflexão. Estamos, portanto, considerando possível que tais atividades tenham levado os alunos a perceber os recursos textuais mais valorizados e a organização estrutural considerada mais "elaborada" na esfera escolar. No pós-teste, então, elas já conseguiam antecipar as expectativas dos leitores que, se não fossem os professores, seriam pessoas ligadas à instituição escolar.

As hipóteses que levantamos se apoiam na ideia de que, até entrarem na escola, as crianças estavam submersas em situações em que argumentavam com propósitos reais, em situações vividas, utilizando estratégias aprendidas de forma assistemática, tais como:

"convencer os pais ou outras pessoas a atenderem aos seus desejos"; "defender-se e justificar suas ações reprimidas pelos adultos"; "discutir sobre suas crenças e opiniões"; "disputar com outras crianças brinquedos e papéis em brincadeiras". Nessas situações, as crianças se deparavam com outros textos que serviam de modelo para sua própria aprendizagem.

Na esfera escolar, no entanto, conforme alertado por diversos autores (DOLZ, 1996; ROJO, 1999), predominam os textos da ordem do narrar. Assim, os alunos não têm referência dos gêneros textuais usuais nas situações propostas. Dolz (1996) e Brassart (1990), por exemplo, citam que em pesquisas recentes foi observado que havia uma lacuna de textos argumentativos tendo a dimensão dialógica e contendo contra-argumentos nos *handbooks* utilizados em escolas suíças. Resultado similar foi apresentado por Bezerra (2001), ao analisar a tendência dos livros didáticos de Língua Portuguesa de 1ª a 8ª séries, no Brasil, e por Lopes (1998), que analisou livros didáticos de Língua Portuguesa para alfabetização, indicados pelo PNLD/MEC (BRASIL, 1998).

Apesar dessa carência de situações em que os alunos leem textos de opinião na escola, deparamo-nos, conforme indicam Leal, Guimarães e Santos (2003), com situações em que os alunos são chamados a responder perguntas de opinião sobre textos lidos ou temas debatidos em sala de aula, tanto na modalidade oral quanto na escrita. Alertamos que nessas situações quase sempre é suficiente que o aluno explicite seu ponto de vista e justifique (Por quê?).

Souza (2003, p. 105) reitera tal constatação quando, também num estudo de intervenção, em que queria desenvolver as capacidades de produção de textos argumentativos em crianças de alfabetização, assumiu: "No começo, tivemos algumas dificuldades, não só por se tratar de uma experiência nova e desafiante para nós, mas também pela falta de textos de opinião voltados para crianças na faixa etária em que trabalhávamos, o que nos levou a criar alguns deles".

É possível, portanto, que as crianças do estudo de Dolz (1996) e de outros estudos não tivessem muita clareza sobre quais modelos textuais seriam mais valorizados na instituição escolar, principalmente quando a proposta de produção de texto se distanciava das práticas usuais de que participavam fora da escola (como convencer um júri ou um grupo de conselheiros, no caso do estudo de Dolz que há pouco descrevemos). Esse problema se coloca como central a partir do momento em que concebemos que as estratégias discursivas são desenvolvidas quando realizamos determinadas ações com propósitos similares em diferentes situações de interação que ocorrem em determinada esfera social.

Assim, o contato com os textos e as atividades propostas nesse estudo de intervenção e em outras pesquisas pode ter evidenciado para as crianças as dimensões textuais valorizadas pela escola ou pelo grupo que avaliaria depois suas competências.

O estudo empreendido por Almeida (2003) foi bastante similar ao de Dolz (1996) acima descrito. Num primeiro momento, como estudo piloto, a autora cita que realizou uma intervenção com dez crianças do início da 3ª série (entre 7 e 9 anos), que foram comparadas a outras dez crianças de um grupo-controle. Os impactos da intervenção foram bastante significativos, pois, segundo a autora, após as cinco sessões de 45 minutos, houve uma evolução quanto ao uso da contra-argumentação (30% das crianças do grupo experimental usaram contra-argumentos em seus textos iniciais, ao passo que 90% o fizeram no pós-teste).

Esse impacto foi também observado no estudo final, desenvolvido com 123 crianças matriculadas em duas turmas de 2ª série (57 alunos) e duas turmas de 4ª série (66 alunos) de uma escola particular do Recife. O desenho experimental clássico foi utilizado pela autora: pré-teste; intervenção; pós-teste. Em cada série, as crianças de uma turma formaram o grupo experimental e as crianças de outra turma formaram o grupo-controle.

O pré-teste e o pós-teste constaram de uma atividade de escrita de um texto em que as crianças foram convidadas a escrever sobre o tema "A escolha dos programas de TV para crianças deveria ser feita pelos pais ou pelas próprias crianças"? Os destinatários do texto, segundo as professoras, seriam pessoas da UFPE que queriam saber o que elas pensavam sobre esse assunto.

Os resultados do estudo de Almeida (2003) revelaram que houve efeito da intervenção tanto na 2ª série quanto na 4ª série. Na 2ª série, os efeitos foram observados em relação à explicitação do ponto de vista; apresentação de justificativa; inserção de contra-argumento; uso dos marcadores de opinião e de objeção, organização geral do texto. Na 4ª série, a autora, em consonância com alguns resultados de estudos prévios, considerou que não seria adequado analisar apenas a presença ou ausência dos elementos da argumentação e direcionou o estudo para "verificar avanços em termos da expansão das estruturas de justificação e de negociação (envolvendo contra-argumentos e respostas)" (p. 123). Assim, foram observados avanços quanto a: "expansão da estrutura de justificação e de negociação, apresentação de introdução e conclusão, articulação melhor elaborada entre os elementos que compõem a sequência argumentativa e, mais especificamente, entre as vozes divergentes" (p. 140).

Nas duas turmas, a atividade foi reaplicada onze meses após o pós-teste (*follow up*). Na 2ª série, os resultados do pós-teste se repetiram, mas, na 4ª série, houve manutenção apenas quanto à presença de introdução, de conclusão e quanto ao aumento da extensão das sequências argumentativas.

A autora sugere que a regressão entre o pós-teste e o *follow-up* na 4ª série pode ter sido decorrente da ausência de trabalho com essa atividade na escola. Interpretamos, portanto, que, se após a intervenção as crianças voltaram a ter atividades diferentes das realizadas durante a intervenção, elas podem ter mudado as expectativas sobre os critérios de avaliação dos leitores (professora/pesquisadora).

É possível que na 2ª série a professora do grupo experimental tenha, de algum modo, mudado sua prática ao trabalhar com textos de defesa de ponto de vista, fazendo com que os efeitos da intervenção fossem mais duradouros.

A intervenção foi realizada em oito sessões com duração aproximada de 50 minutos, com um encontro por semana. Assim como no estudo de Dolz (1996), diferentes objetivos didáticos orientaram as tarefas, tais como: "identificar situações nas quais o discurso argumentativo se faz pertinente", "criar situação para as quais fosse pertinente o estabelecimento de um discurso argumentativo"; "reconhecer o caráter diafônico/polifônico e dialético da escrita argumentativa", "distinguir uma produção textual argumentativa de outras produções que tenham objetivos comunicacionais distintos, como uma carta ou história", "identificar os elementos que compõem uma produção textual argumentativa"; "identificar ideias de apoio e de contestação a um determinado ponto de vista", "reconhecer os marcadores e expressões linguísticas típicas de opinião, justificativa e objeção"; "avaliar textos em função de uma lista de elementos" (ALMEIDA, 2003). Como ocorreu no estudo de Dolz (1996), muitos objetivos foram contemplados em um programa curto de intervenção (oito sessões).

As atividades realizadas foram diversificadas e centradas em reflexões sobre a estrutura textual (reconhecimento do ponto de vista, justificativa, contra-argumento, resposta). Um aspecto a ser levantado é que as crianças podem ter desenvolvido representações sobre as expectativas de seus interlocutores.

Essas análises levam à hipótese de que durante a intervenção havia um jogo de construção de imagens sobre as expectativas dos interlocutores no processo de escrita em situações similares às que foram refletidas. Como a esfera de construção desses textos era a escola, somavam-se outras representações sobre essa instituição e sobre os papéis que os interlocutores desempenham na situação. Como bem salienta Rojo (1999, p.4-5), na escola há uma relação assimétrica de interação entre professor e alunos, em que há:

> um enunciador em posição dominante (decorrentemente, um destinatário em posição subordinada) em pelo menos dois domínios de poder: o domínio cognitivo (pelo menos em tese, supõe-se que, na sala de aula, o professor é detentor do saber sobre o objeto de ensino) e o domínio sociocultural, i.e., o poder dominante (de regular, normalizar e regrar) que a hierarquia institucional atribui ao professor.

Assim, as orientações de um professor sobre o modelo textual valorizado constituem parte do contexto de produção por orientarem a construção das expectativas sobre o que se espera dos alunos na escola. A esse respeito, Schneuwly e Dolz (1999, p. 7) alertam que "o aluno encontra-se, necessariamente, num espaço do como se, em que o gênero funda uma prática de linguagem que é, necessariamente, em parte, fictícia, uma vez que ela é instaurada com fins de aprendizagem". No entanto, o tipo de prática pedagógica pode favorecer a construção de diferentes estratégias discursivas, possibilitando que, em parte, a produção de textos tenha, de fato, finalidades outras além do aprender a escrever. Esse será o tema da seção seguinte.

Construção de estratégias discursivas: a diversidade de modelos textuais na escola

Como já anunciamos, defendemos a posição de que cada situação de interação impõe ao escritor um planejamento sobre as melhores estratégias para causar os efeitos pretendidos, atendendo às finalidades sociais de interlocução. Tais estratégias são desenvolvidas a partir dos conhecimentos dos escritores sobre os gêneros textuais mais usuais naqueles tipos de situação, das representações que eles têm sobre os interlocutores, dos conhecimentos sobre o tema em pauta, das representações sobre o contexto de produção e das capacidades de que eles dispõem. Consequentemente, diferentes modelos textuais são produzidos, mesmo na escola, se forem propiciadas condições de interlocução diversas.

Um exemplo de intervenção didática em que os alunos escreveram textos para atender a uma finalidade real a partir de reflexões sobre um gênero textual, diversificando as estratégias discursivas, foi relatado por Perelman (2001, p. 40). Nesse estudo, foi desenvolvido um projeto didático com alunos de 7ª série em que eles foram convidados a escrever "carta do leitor" para um periódico (diário).

A autora chama a atenção que, nesse gênero,

> para converter-se em enunciador crítico é necessário incluir a palavra do outro ao próprio texto. A citação da voz do autor do texto fonte que será criticado supõe uma profunda compreensão leitora. Para aceitar ou refutar um texto argumentativo é necessário haver interpretado a cadeia de razões aportadas pelos autores citados. Ao mesmo tempo,

essa situação requer que, na escrita da carta, se recupere de forma clara e concisa o conteúdo argumentativo exposto nas produções criticadas porque não necessariamente os leitores da carta as teriam lido.

Os resultados desse trabalho apontam para a possibilidade de um trabalho pedagógico pautado numa concepção sociointeracionista da linguagem. Segundo a autora,

> os produtos dos alunos nos têm apresentado resultados muito interessantes que nos conduzem a uma reconstrução dos conhecimentos que tínhamos acerca das possibilidades de elaboração e dos processos postos em jogo nesta tarefa. Os textos analisados têm demonstrado que os meninos podem usar recursos argumentativos para contradizer, afirmar, para manifestar opiniões, para contrapor episódios e opiniões...
> (PERELMAN, 2001, p. 44).

Chamamos a atenção para o fato de que a situação particular usada por essa autora induz o escritor (nesse caso, o aluno) a utilizar explicitamente os componentes da contra-argumentação (restrição/ refutação da restrição) nos casos em que houver discordância com o autor do texto a que ele se reporta, já que estão produzindo cartas a redação e comentando ideias contidas em textos produzidos por outros autores. Em outras situações, no entanto, tal inserção não se impõe com tal força. Por exemplo, se a carta for escrita para reforçar os argumentos usados no artigo (matéria) de referência, esses componentes podem não ser tão importantes.

Em decorrência disso, fica difícil classificar os modelos textuais possíveis numa dada situação, pois, como diz Bronckart (1999), cada texto empírico é singular e está em relação de interdependência com o contexto de produção e esse contexto de produção é construído, dentre outros elementos, pela forma particular como o escritor representa a situação e seus leitores.

Reafirmamos, diante de tais revelações, a necessidade de buscar entender melhor os textos das crianças, tendo uma atitude positiva de considerar o contexto de produção e as experiências escolares e extraescolares dos alunos.

Um estudo de intervenção em que se tentou abarcar esse olhar sobre as relações entre os contextos escolares de produção de textos e os textos elaborados pelas crianças foi conduzido por Souza (2003). Nesse estudo, 40 crianças na faixa etária entre 5 e 7 anos de uma escola pública (anexo a uma Universidade Federal), em Goiânia, foram acompanhadas durante dois anos por duas professoras, que analisaram as situações de escrita propostas por elas próprias e os textos das crianças produzidos nessas situações. Esse grupo era heterogêneo tanto em relação ao nível socioeconômico, quanto ao conhecimento sobre a escrita, pois o ingresso a essa escola se dava por sorteio. Apenas quatro crianças dominavam a escrita convencional no início do primeiro ano letivo.

A intervenção constou de atividades em sala de aula de leitura/ reflexão e produção de vários gêneros discursivos, organizados por unidades temáticas. Em relação ao processo de argumentação, foram lidos/explorados/produzidos textos pertencentes aos gêneros carta, texto de opinião e bilhete, no período de setembro de 1996 a dezembro de 1997. Ao todo, foram contabilizadas 32 sequências de atividades a partir de temas voltados à produção de textos em que os alunos precisavam defender uma opinião. Em média, cada criança, em sala de aula, produziu entre 20 e 25 textos com propósitos argumentativos.

As atividades de leitura/exploração de textos constaram de tarefas voltadas para a discussão dos temas em debate a partir da leitura do que outros autores consideravam sobre os temas. Nesses textos, os alunos buscavam identificar a posição dos autores e os argumentos que eles utilizavam, discutindo coletivamente. As orientações para as atividades de escrita foram claras, tendo como referência as reflexões conduzidas pelas professoras sobre outros textos que tratavam dos temas em debate. Houve uma diversidade de finalidades. No entanto, de modo similar ao que observamos nas professoras citadas no Capítulo 3, houve, nos comandos das atividades, uma oscilação quanto à explicitação dos interlocutores, que ora eram apenas os professores, ora eram outros destinatários (reais ou imaginários diretor da escola; presidente da República).

Para a análise dos textos, a pesquisadora escolheu três crianças que participaram de toda a intervenção e tentou explorar as estratégias discursivas e os recursos adotados por elas. A conclusão geral do trabalho foi que não houve uma evolução linear, pois os recursos que eram utilizados em um determinado texto não apareciam nos textos seguintes ou apareciam de modo esporádico. Houve, assim, conforme defendido pela autora, efeito marcante das situações propostas.

Essa não linearidade foi também indiciada pela presença de textos com ponto de vista e justificativa desde o início da intervenção. A professora apontou que as crianças, quando começavam a produzir textos legíveis, já inseriam seus pontos de vista, justificando-os. Ou seja, evidenciou-se que tais habilidades estavam já construídas anteriormente ao domínio da escrita convencional. Na análise de uma das alunas, ela mostra que, logo no início da intervenção (setembro de 1996), já havia no texto da criança os componentes básicos da argumentação:

> Como podemos observar, pelo fato de Ika ter leitura mais desenvolvida e uma escrita legível, desde seu primeiro texto, quando iniciamos o trabalho com textos de opinião, ele escreve declarando sua posição e apresenta argumentos para sustentá-la, elaborando, assim, a operação de justificação (SOUZA, 2003, p. 156).

Quanto às operações de negociação, a autora salienta que apareceram em menor quantidade, havendo, no entanto, desenvolvimento precoce de outras estratégias de envolvimento e defesa das ideias expostas:

> Reconhecemos a predominância do discurso interativo, até porque as instruções das atividades ('Qual é a sua opinião...', 'Em sua opinião...') levavam a isso. De forma semelhante, constatamos um número significativo de segmentos iniciais sendo construídos com discurso interativo e, no restante do texto, a ocorrência de discurso do tipo teórico. Nos textos do gênero carta, em que o destinatário é a mãe, sobressaem os discursos interativos, devendo ser considerados em razão da natureza do próprio gênero, do objetivo maior, que é convencer o destinatário. Há ainda a presença de discurso teórico, quando os temas são mais genéricos. De um lado, os temas de natureza geral não favorecem a elaboração das operações de negociação;

de outro, auxiliaram a construção de textos com a operação de justificação de forma mais autônoma (SOUZA, 2003, p. 176).

Assim, uma das conclusões da autora foi que a diversidade de configurações assumidas nos textos tinha relação com o tipo de atividade proposta. Ainda em relação a tal questão, Souza (2003, p. 124) atenta que alguns temas "geraram maior polêmica, talvez por estarem mais próximos dos interesses infantis. Os outros, porém, em razão de serem mais genéricos, pouco contribuíram para a discordância de opiniões". Nas palavras da autora, encontramos pistas para entender tal fenômeno:

> Na análise dos temas, verificamos que a maioria não leva a divergências de opiniões ou controvérsias. Constatamos que apenas as cartas de solicitação para criar o cachorro e a diminuição da multa da biblioteca possibilitaram discordâncias, pelo fato de esses temas estarem mais próximos das vivências infantis. Os demais temas são genéricos, relativos aos valores culturais e, por fazerem parte do senso comum, eram consensuais; consequentemente, não proporcionam discordâncias de opiniões, especialmente de crianças. Por isso, os temas favorecem apenas a realização da operação de justificação... (SOUZA, 2003, p. 178)

Outros autores, como Camps e Dolz (1995) e Rubio e Arias (2002) já alertaram para tal questão, enfocando que, na escola, o professor deve orientar os alunos a assumir os valores sociais que circulam na sociedade de que participam. A citação abaixo, de Rubio e Arias (2002, p. 36), ilustra bem a questão:

> Há temas que representam conquistas sociais que não admitiriam questionamento algum, como é o caso da violação dos direitos humanos em todas as suas formas: o abuso físico, a exploração de trabalhadores, a tortura etc. Isto pode ser objeto de investigação, mas não de debate, dado que este último implica que os alunos assumam posições a favor ou contra o tema selecionado.

Na citação, são listados valores que são mais facilmente assumidos como conquistas sociais relacionados aos direitos humanos.

No entanto, podemos levantar que, de igual modo, os temas que envolvem outros valores terminam assumindo o mesmo *status* de inquestionabilidade por veicularem princípios hegemonicamente defendidos na sociedade.

Os resultados apontados por Souza (2003) podem, portanto, ser pensados a partir da perspectiva de que alguns temas colocados no contexto escolar perdem o caráter polêmico, dado que não se pode defender qualquer opinião no interior dessa instituição. Diante de tais temas, conforme discutimos no capítulo anterior, há uma certa tendência à produção de discursos homogêneos, em que se repetem os argumentos que já são dados como princípios socialmente aceitos na instituição.

Outro destaque feito pela autora foi quanto aos efeitos da explicitação dos destinatários sobre os textos dos alunos. A autora retoma a hipótese de que a ausência desse elemento no comando para produção dos textos poderia dificultar a tarefa de negociação.

Em relação a tal hipótese, a autora mostra que as crianças começaram a produzir textos em que havia uma tendência à produção de discursos autônomos quando as situações assim o requeriam. Na análise de um dos textos, Souza (2003, p. 134) afirma:

> Mesmo sem a explicitação do destinatário na instrução, a aluna cria um texto usando discurso interativo, implicando o destinatário (você), empregado em sentido genérico. Esse uso é um dado importante e pode ser considerado como um fato revelador de que a criança já internalizou a concepção de que sempre se escreve para alguém e que a tomada de posição é defendida em relação ao interlocutor.

Nesse caso, levantamos a hipótese de que a criança se apropriou de alguns gêneros textuais esperados na situação escolar de produção em que, na ausência de um destinatário, se escreve para o professor, "como se" escrevêssemos para outros interlocutores. O discurso autônomo, em que se privilegia o uso de modalizadores lógicos e deônticos, imprimindo certa objetividade ao que se diz, pode ter sido incorporado como gênero escolar. Barros (1999), em um estudo sobre "redação escolar", mostra quanto a estrutura do texto que circula no interior da sala de aula toma uma configuração de gênero por atender a três dimensões distintas da caracterização de um gênero textual: características internas, características externas e funcionalidade.

Nesse estudo, Barros (1999, p. 17) analisou 250 textos produzidos por alunos de 5ª a 8ª séries, com idade variando entre 10 e 14 anos, de escolas públicas da cidade de Natal (RN) e concluiu que

> o gênero, dissemos, é socialmente adquirido. Com essa idade, o aluno já foi suficientemente exposto às atividades diárias para saber que a sala de aula é o lugar de objetividade, da precisão, da tecnicidade e já tem um modelo global do que deve ser uma redação. As aberturas (dos textos) parecem refletir esse conhecimento. É como se eles se pusessem, sem delongas, com a maior objetividade possível, a dar conta da tarefa que lhes foi imposta, isto é, 'falar sobre...'.

Supomos, assim, que, no estudo de Souza, as propostas com temas mais genéricos conduziram as crianças à escrita de textos mais característicos dessas situações de escrita "sobre temas". Nesses casos, os alunos precocemente demonstrariam processos de apropriação desse outro gênero, mais típico do contexto escolar, que é a redação sobre um tema.

Em suma, concordamos com Barros (1999, p. 20), quando reconhece que "as condições da situação de sala de aula, tão familiares aos alunos, é que vão orientar suas escolhas de estratégias de produção, assim imprimindo características bem específicas no gênero que estão produzindo".

Mediante todas essas reflexões, estamos defendendo uma perspectiva sociointeracionista de linguagem que supõe que os diferentes gêneros textuais são, na maioria das vezes, heterogêneos quanto aos tipos textuais que os constituem. Desse modo, concebemos que quando se fala de textos argumentativos está-se falando de uma grande diversidade de gêneros em que alguém se propõe a "defender um ponto de vista".

De outro lado, assumimos a posição de que na atividade de escrita recorremos a procedimentos de adoção/adaptação dos gêneros textuais que conhecemos, a partir do contexto de produção. Ou seja, diante da situação proposta, elaboramos representações sobre a situação de interlocução, a finalidade, os interlocutores, o espaço de interlocução, dentre outros elementos, e, a partir deles, utilizamos diferentes estratégias argumentativas.

Também refletindo sobre a diversidade de fatores que compõem a situação de escrita e as diferentes possibilidades de composição de uma argumentação, Brassart (1996, p. 171) levanta o seguinte dilema: "Se realmente existe um esquema de texto argumentativo, é tão empobrecido que é importante questionar de que forma isso facilita o processamento (noção) de texto argumentativo nos indivíduos que têm domínio deste esquema".

Por fim, assumindo os princípios teóricos acima descritos, concebemos que a escola, como esfera de interação, impõe certas especificidades nos processos de adoção/adaptação dos gêneros textuais dos quais os indivíduos se apropriaram dentro e fora da escola.

É preciso, portanto, contemplar, em nossas análises, tanto as reflexões sobre o contexto escolar de produção quanto as situações em que os textos foram elaborados (contexto imediato), não perdendo de vista que as representações sobre "a escola" se cruzam com as representações sobre a situação de interação imediata e que os professores (ou outros representantes da escola) serão sempre interlocutores reais dos textos que produzem.

É nessa perspectiva que apresentaremos um estudo em que refletimos sobre as práticas de produção de textos de professoras dos anos iniciais do Ensino Fundamental (de 2ª a 4ª séries) e as relações entre os tipos de intervenção didática dessas professoras e as escolhas que os alunos fizeram em relação aos modelos textuais adotados para resolver a situação proposta.

Que modelo textual devo adotar para escrever os textos que me pedem na escola? Reflexões sobre as representações dos alunos sobre o que esperam as professoras

Neste capítulo, vamos revisitar os 156 textos produzidos pelas crianças que nos acompanharam neste trabalho, analisando quanto os tipos de intervenção didática característicos das professoras (analisados no Capítulo 3) influenciam as escolhas quanto aos modelos textuais adotados.

Conforme já descrevemos em capítulos anteriores, avaliamos a prática pedagógica de 11 professoras e os textos produzidos por 156 crianças (47 da 2ª série, 48 da 3ª série e 61 da 4ª série).

A atividade de escrita proposta, já descrita nos capítulos anteriores, foi de produção de um texto defendendo a opinião sobre se as crianças deveriam ou não realizar serviços domésticos. Como já dissemos, a professora leu uma reportagem de jornal, provocou um debate em sala de aula sobre o tema e depois pediu que escrevessem o texto. Esse seria lido na própria sala de aula para que fossem escolhidos alguns para serem lidos para crianças de outra turma da escola.

Os textos foram analisados, primeiramente, na busca de verificar se apresentavam o ponto de vista, as justificativas, justificativas e contra-argumentação, tal como discutimos no Capítulo 2, e, depois, para identificarmos os modelos textuais construídos, tal como expusemos no Capítulo 4. Foram encontrados 9 modelos textuais predominantes, que foram depois agrupados em três blocos: 1) textos que apresentavam ponto de vista sem justificativa ou com justificativa simples; 2) textos que continham cadeia argumentativa, com justificativa da justificativa ou contra-argumentação; 3) textos que continham cadeia argumentativa, com articulação entre justificativa da justificativa e contra-argumentação.

Após a coleta dos textos, foram realizadas observações de sala de aula, a fim de traçar o perfil das professoras quanto ao tipo de intervenção didática apresentada. Tal como expusemos no Capítulo 3, as professoras foram agrupadas quanto a três critérios, que serão abordados a seguir.

Por intermédio da TAB. 21, descrevemos a distribuição dos textos quanto ao tipo geral de intervenção didática e o modelo textual. Conforme podemos observar, os textos em que os autores diversificaram mais as estratégias de argumentação, operando por meio de justificação e contra-argumentação, apareceram em maior quantidade nas turmas em que as professoras conduziam o ensino a partir de uma perspectiva de texto como objeto de interação do que nas turmas em que o trabalho era realizado a partir de uma concepção de texto distanciada dos processos de interlocução que ocorrem fora da escola.

Os textos "escolarizados", pertencentes aos "gêneros" que não circulam fora da escola, foram pouco presentes nas turmas das professoras que concebiam os textos como objeto de interação. Supomos, então, que os alunos pudessem ter passado a entender que poderiam utilizar estratégias usadas fora da escola nos textos produzidos nessa instituição. Ou seja, essas crianças poderiam, por terem representações de que na escola escrevemos para dar conta de finalidades diversas propostas pelo professor, investir mais nas estratégias usadas em outros contextos de interação, transpondo-as para as situações escolares de escrita.

TABELA 21

Distribuição dos textos quanto ao modelo textual e
tipo de intervenção didática

MODELOS DE TEXTOS (AGRUPADOS)	TIPO DE INTERVENÇÃO				TOTAL	
	Negação da comunicação		Texto como objeto de interação			
	Freq.	%	Freq.	%	Freq.	%
Justificação + contra-argumentação	3	6,4	52	47,7	55	35,3
Só justificação (justificativa da justificativa) ou só contra-argumentação	20	42,6	31	28,4	51	32,7
Só ponto de vista ou ponto de vista + justificativa	24	51,1	26	23,9	50	32,1
Total	47	100,0	109	100,0	156	100,0

Os textos em que os alunos apresentavam apenas o ponto de vista ou ponto de vista com justificativa (sem justificativa da justificativa) apareceram mais nas turmas em que as professoras pareciam conceber a escrita na escola como uma atividade desvinculada das práticas cotidianas de uso da linguagem. Supomos que, nesses casos, as crianças tivessem poucas situações como referência para as decisões sobre os gêneros que seriam adotados para resolver o problema proposto. Assim, o gênero "resposta à pergunta de opinião", por ser um gênero comum no contexto escolar, pode ter sido mais frequentemente adotado e adaptado à situação.

Essas reflexões levam à conclusão de que, de fato, o tipo de intervenção teria influenciado os alunos quanto à escolha dos modelos textuais adotados. Duas hipóteses podem ser lançadas: os alunos que vivenciam atividades de escrita com finalidades reais desenvolveram habilidades que as outras crianças não desenvolveram e/ou eles representaram a situação de escrita de maneira diferente.

A fim de aprofundar um pouco mais o tema em discussão, analisamos a distribuição dos textos quanto à presença de reflexões sobre aspectos sociodiscursivos pelas professoras em sala de aula. A TAB. 22 mostra que, em relação a esse fator, também houve porcentagem maior de textos com justificação e contra-argumentação nos grupos em que as professoras buscavam refletir em sala de aula sobre aspectos sociodiscursivos dos textos do que nos grupos em que isso não acontecia.

É necessário salientar, neste momento, que essas reflexões eram, na maioria das vezes, realizadas em atividades que não envolviam produção de textos voltados para a defesa de pontos de vista. A predominância foi de atividades envolvendo escrita de textos com dominância narrativa. Por isso, supomos que o efeito tenha sido decorrência de uma representação diferente do contexto escolar. Essas crianças podem ser mais conscientes, em razão das reflexões realizadas, da necessidade de adequar o discurso às diferentes finalidades e a "prestar atenção" aos comandos dados na tarefa.

TABELA 22

Distribuição dos textos quanto ao modelo textual e presença de reflexão sobre aspectos sociodiscursivos em sala de aula

MODELOS DE TEXTOS (AGRUPADOS)	REFLEXÃO SOBRE ASPECTOS SOCIODISCURSIVOS EM SALA DE AULA				TOTAL	
	Ausência		Presença			
	Freq.	%	Freq.	%	Freq.	%
Justificação + contra-argumentação	12	18,8	43	46,7	55	35,3
Só justificação (justificativa da justificativa) ou só contra-argumentação	24	37,5	27	29,3	51	32,7
Só ponto de vista ou ponto de vista + justificativa	28	43,8	22	23,9	50	32,1
Total	64	100	92	100	156	100,0

As investigações sobre os efeitos dos tipos de comandos dados nas atividades de produção de texto, de modo similar aos outros fatores investigados, também apontaram que as crianças que escreviam em sala de aula para atender a diferentes finalidades diversificaram mais as estratégias argumentativas (Vide TAB. 23).

TABELA 23

Modelos textuais por tipos de comandos dados em sala de aula na intervenção didática

MODELOS DE TEXTOS (AGRUPADOS)	TIPOS DE COMANDO NA INTERVENÇÃO DIDÁTICA							
	Sem indicação de finalidades, gêneros ou interlocutores		Com indicação de finalidades, mas oscilando quanto à indicação de gêneros e interlocutores		Com indicação de finalidades, gêneros e interlocutores		TOTAL	
	Freq.	%	Freq.	%	Freq.	%	Freq.	%
Justificação + contra-argumentação	3	9,4	07	28,0	45	45,5	55	35,3
Só justificação (justificativa da justificativa) ou só contra-argumentação	10	31,3	11	44,0	30	30,3	51	32,7
Só ponto de vista ou ponto de vista + justificativa	19	59,4	07	28,0	24	24,2	50	32,1
Total	32	100,0	25	100,0	99	100,0	156	100,0

Enquanto nos grupos em que as professoras solicitavam a escrita de textos atendendo a diferentes finalidades de forma clara, 45,5% dos alunos agregaram estratégias de justificação (com justificativa da justificativa) e contra-argumentação, no grupo em que a professora não realizava tais tipos de atividades, a maior concentração foi encontrada entre os textos com ponto de vista ou na estrutura ponto de vista + justificativa (sem justificativa da justificativa), de modo similar ao gênero "resposta à pergunta de opinião". Isso pode decorrer justamente do fato de que tais alunos, acostumados a tarefas escolares fixas, representam a atividade como mais uma situação similar às anteriormente realizadas, adotando gêneros comuns nessa esfera de interlocução.

Por fim, buscamos verificar se houve algum efeito da presença de reflexões sobre argumentação em sala de aula sobre essas estruturas textuais (TAB. 24). Conforme podemos observar, os textos dos alunos do grupo 3 (cujas professoras aproveitaram as situações para refletir sobre os processos de argumentação) continham mais elementos de justificação e contra-argumentação do que os textos dos alunos do grupo 2 (cujas professoras tiveram oportunidades nas aulas observadas de refletir sobre o processo de argumentação, mas não o fizeram).

TABELA 24
Tipo de apresentação do ponto de vista por tipo de intervenção sobre argumentação

MODELOS DE TEXTOS (AGRUPADOS)	TIPOS DE INDE.INTERVÃO DIDÁTICA SOBRE ESTRATÉGIAS ARGUMENTATIVAS						TOTAL	
	Não realizou atividade em que os alunos precisassem defender pontos de vista		Realizou atividades em que poderia explorar as estratégias argumentativas, mas não o fez		Realizou atividades de exploração das estratégias para argumentar			
	Freq.	%	Freq.	%	Freq.	%	Freq.	%
Justificação + contra-argumentação	12	24,5	12	33,3	31	43,7	55	35,3
Só justificação (justificativa da justificativa) ou só contra-argumentação	20	40,8	11	30,6	20	28,2	51	32,7
Só ponto de vista ou ponto de vista + justificativa	17	34,7	13	36,1	20	28,2	50	32,1
Total	49	100,0	36	100,0	71	100,0	156	100,0

É importante ressaltar que nenhuma dessas professoras realizou reflexões sobre a utilização de contra-argumentos nos textos. As professoras que deram alguma orientação sobre estrutura textual explicitaram, geralmente, que no texto argumentativo as pessoas tinham de dizer "o porquê", tinham de justificar. Assim, verificamos que o que levou os alunos a diversificar tais estratégias não foi a orientação quanto à estrutura, e sim as reflexões sobre a necessidade de conduzir o leitor, ou seja, as reflexões mais relacionadas com os aspectos sociodiscursivos.

Em suma, há práticas pedagógicas que favorecem a maior diversificação de modelos textuais

As discussões empreendidas neste capítulo foram orientadas para a ideia de que as diferentes estratégias discursivas levam à construção de diferentes modelos textuais. No Capítulo 4, detectamos que havia três modelos básicos que se mesclavam e que pareciam encontrar referência em algumas práticas de sala de aula ou de contextos não escolares: 1) textos em que os alunos davam a opinião sobre o tema em si, buscando convencer o leitor; 2) textos em que, embora o aluno apresentasse o seu ponto de vista, enfocava mais intensamente o texto lido (comentário sobre a reportagem); 3) textos em que os alunos respondiam à questão proposta (resposta à pergunta). Este último modelo ora parecia ter referência nas perguntas de interpretação de textos, em que os alunos dizem se concordam com algo relacionado ao texto lido e justificam a resposta dada, ora parecia com turnos de conversação oral, tema que foi discutido por Perelman (2001).

A fluidez entre tais estratégias impossibilitou uma classificação dos textos nessas três categorias, tendo em vista que muitos deles tinham caráter híbrido. Outros autores, como Barros (1999) e Abaurre, Mayrink-Sabinson e Fiad (2003), já haviam chamado a atenção para a presença de textos pertencentes a mais de um gênero e aos embriões de gêneros em escritas infantis. Assim, no Capítulo 4, agrupamos os textos em nove modelos e, a partir disso, em três classes de textos.

Neste capítulo, verificamos que alguns tipos de práticas pedagógicas levam os alunos a diversificar mais os modelos textuais e a adotar cadeias argumentativas com justificativa da justificativa e/ou contra-argumentação. Na TAB. 25, resumimos essas análises, expondo os resultados das análises de Qui-quadrado, que ajudaram a identificar os efeitos da prática pedagógica sobre os modelos textuais adotados pelas crianças.

TABELA 25
Análise de Qui-quadrado do efeito da prática pedagógica sobre os modelos textuais adotados pelos alunos

Variáveis	X^2	g.l.	Sig. (p)
Série	9,641	4	.047
Tipo de intervenção (negação da comunicação X texto como objeto de aprendizagem e de interação)	25,493	2	.000
Tipo de intervenção sem considerar a escola 4 (negação da comunicação X texto como objeto de aprendizagem e de interação)	17,606	2	.000
Reflexão sobre aspectos sociodiscursivos (presença X ausência)	13,788	2	.001
Reflexão sobre aspectos sociodiscursivos sem considerar escola 4 (presença X ausência)	21,423	2	.000
Tipo de comando (explicitação de finalidade, gênero e interlocutor X explicitação de finalidade e oscilação quanto ao gênero e ao interlocutor X ausência de explicitação da finalidade, gênero e interlocutor)	20,010	4	.000
Tipo de comando sem considera a escola 4 (explicitação de finalidade, gênero e interlocutor X explicitação de finalidade e oscilação quanto ao gênero e ao interlocutor X ausência de explicitação da finalidade, gênero e interlocutor)	11,834	4	.019
Tipo de intervenção sobre argumentação (teve situações propícias, mas não refletiu sobre as estratégias de argumentação X aproveitou as situações propícias para refletir sobre os processos de argumentação)	1,170	2	.557
Tipo de intervenção sobre argumentação sem considerar a escola 4 (teve situações propícias, mas não refletiu sobre as estratégias de argumentação X aproveitou as situações propícias para refletir sobre os processos de argumentação)	7,698	2	.021

De fato, observamos que os alunos das professoras que pareciam conduzir o ensino a partir de uma concepção de texto como objeto de interação diversificavam mais as estratégias e produziam mais textos com incorporação de justificação (com justificativa da justificativa) e/ou contra-argumentação. Aqueles alunos das professoras que conduziam aulas em que havia uma concepção de texto como objeto "escolar", distanciado das práticas de linguagem, tendiam a produzir mais os textos com estrutura parecida com o gênero "resposta à pergunta de opinião".

A análise dos tipos de intervenção em que detalhamos os comandos predominantes nas aulas das professoras reiterou os resultados acima, pois as professoras que realizavam em sala de aula atividades de escrita diversificadas com finalidades claras, delimitação dos gêneros textuais e dos destinatários tiveram mais alunos que produziram textos com justificativa da justificativa e/ou contra-argumentação que as professoras que faziam atividades em que não havia indicação de finalidades nos comandos.

O efeito da presença/ausência de reflexões sobre aspectos sociodiscursivos durante as aulas observadas também foi considerado. As professoras que discutiam com os alunos sobre os efeitos que os textos deveriam causar nos leitores, ou, pelo menos, chamavam a atenção para a necessidade de refletir sobre tal aspecto, ministravam aulas nas turmas em que ocorreram as maiores frequências de textos com justificação e/ou contra-argumentação.

Uma reflexão que nos parece particularmente importante é que tais tipos de intervenção não eram voltados para os processos de argumentação em si, o que orienta nossas conclusões para uma ideia de que o fato de as professoras diversificarem as atividades de escrita poderia estar levando os alunos a diversificar as estratégias discursivas e a utilizar as estratégias que já dominavam em outros contextos de uso da linguagem, adotando e adaptando o que já sabiam sobre tais tipos de situações.

Por fim, as análises comparativas entre as professoras que fizeram reflexões sobre processos de argumentação e as que não aproveitaram as oportunidades (quando existiam) para realizar tais reflexões mostraram que também houve efeito dessa variável sobre os modelos textuais produzidos. No entanto, essas diferenças só foram estatisticamente significativas quando foram retirados os textos das crianças da escola 4.

O efeito dessa variável foi menor que o que foi observado em relação às outras variáveis, o que corrobora nossa hipótese de que o efeito da prática pedagógica se deu em razão dos tipos gerais de condução do ensino de produção de textos, sobretudo das reflexões sobre aspectos sociodiscursivos dos textos.

As professoras que refletiram sobre os processos de argumentação tiveram mais alunos produzindo textos com justificação e/ou contra-argumentação. No entanto, salientamos que o efeito não foi relativo ao "ensino" da estrutura textual, pois essas professoras não inseriram reflexões sobre a inserção das diferentes vozes nos textos e os alunos buscaram usar tais tipos de estratégias.

Um dado que não podemos perder de vista é que alguns alunos inseriram restrições nos textos que não foram refutadas. Diante de tais textos, levantamos a hipótese de que poderia estar havendo uma tensão entre o que realmente pensava o aluno sobre o tema em pauta e o que ele imaginava que a escola esperava que ele dissesse naquele momento. É possível que as crianças tenham desenvolvido táticas para contornar a ordem social dominante.

Essa tensão observada em alguns casos levou-nos a olhar para os demais textos tentando encontrar indícios desses mecanismos. Na verdade, o que encontramos foi uma evidência de homogeneização do discurso na escola, pois em quase todas as turmas houve 100% ou quase 100% de alunos defendendo o mesmo ponto de vista. Autores como Miranda (1995), Costa (2000), Rodrigues (2000) e Calil (2000), dentre outros, já alertavam para esse fenômeno no contexto escolar. Rojo (1999) ajuda-nos a entender tal fenômeno quando salienta que ocorre, na sala de aula, uma relação assimétrica entre professor e alunos. Estando numa situação subordinada, os alunos podem se sentir impelidos a assumir a voz da instituição ou do que eles acham que a instituição diz sobre o tema proposto. No nosso caso, a leitura da reportagem antes da produção do texto já apontava qual era a direção da resposta a ser dada.

Por fim, uma questão que foi brevemente citada foi que em grande parte dos textos introduziu-se a temática "mulher e trabalho". Esse fato demonstra que a proposição "mulher deve cuidar da casa e dos filhos" foi, de fato, um dilema a ser debatido: muitas crianças sentiram-se impelidas e defender pontos de vista a esse respeito. É possível que tal discussão tenha sido suscitada em algumas turmas e não em outras, e isso tenha também sido um fator de diferenciação entre os grupos. Souza (2003), conforme discutimos na introdução deste capítulo, já tinha levantado a questão da importância da escolha do tema para a emergência da argumentação na escola. Para melhor entendermos esse fenômeno, fizemos, algumas incursões sobre o contexto imediato de produção e as marcas desse contexto nos textos dos alunos. Tais reflexões estão apresentadas no próximo capítulo.

Como orientamos as atividades de escrita dos alunos? Será que eles sabem o que queremos?

Nos Capítulos 3 e 5, discutimos os resultados de duas pesquisas que mostram que alguns tipos de práticas pedagógicas (as que levam os alunos a produzir textos para atender a finalidades diversificadas e a refletir sobre aspectos sociodiscursivos dos textos) ajudam os alunos a desenvolver estratégias argumentativas e a variar os modelos textuais em razão das finalidades que buscam atender. Neste capítulo refletimos sobre os contextos de produção com o objetivo de defender a ideia de que muitas vezes os alunos não conseguem produzir bons textos porque a condução da tarefa não é propícia à sua realização. Discutiremos, portanto, sobre os efeitos das situações imediatas de produção sobre os textos das crianças.

Para darmos conta desse debate, precisamos reafirmar que concebemos que cada texto é singular, pois está em relação de interdependência com o contexto de produção. Assim, como bem defende Bronckart, todo texto empírico é "sempre um produto da dialética que se instaura entre representações sobre os contextos de ação e representações relativas às línguas e aos gêneros de texto" (1999, p. 108). Dessa forma, um caminho necessário para compreender as estratégias de argumentação adotadas é a análise da situação de produção textual. É fundamental, então, para avaliarmos os textos dos nossos alunos, situar a concepção de "contexto de produção" que assumimos para a análise dos textos, tema que será abordado neste momento.

O que é contexto de produção?

Para refletirmos sobre os contextos de produção de textos, tema deste capítulo, precisaremos, de início, retomar o pressuposto bakhtiniano (Bakhtin, 2002) de que são os gêneros textuais que permeiam as relações sociais entre indivíduos na sociedade e que cada gênero textual, em cada esfera de interação, tem uma concepção de destinatário que o determina enquanto gênero discursivo. Ou seja, em cada esfera social estabelecem-se relações em que os enunciados são determinados pelos papéis e características dos interlocutores naquele espaço de interlocução.

É nessa perspectiva que se pressupõe que

> o enunciado dirigido ao outro deve ser considerado, nas relações interdiscursivas, com os enunciados que o antecederam e os que virão no futuro, com as vozes de outros enunciados e as respostas dos ouvintes. São, portanto, características que fazem com que o enunciado seja, ao mesmo tempo, dialógico e polifônico (SOUZA, 2003, p. 46).

Sugere-se, dessa maneira, que são as características das situações de interação que definem a escolha dos gêneros textuais a serem adotados para instrumentalizar a construção textual. São também essas características que orientam as adaptações que podem ser feitas a partir desses gêneros e os recursos linguísticos apropriados, incluindo-se aí a seleção vocabular, organização sequencial e estruturação dos períodos. Dentre os autores que refletem sobre esse fenômeno, podemos citar Orlandi e Guimarães (1985), Bronckart (1999), dentre outros.

Orlandi e Guimarães (1985; ORLANDI, 1996), como representantes da "Análise do Discurso", abordagem teórica que volta a atenção para os condicionantes histórico-sociais da atividade linguística, chamam a atenção para as "condições de produção" do discurso, apontando que se entrecruzam, durante a geração do texto, representações oriundas do contexto histórico e social e do contexto imediato. No entanto, para os teóricos da Análise do Discurso, "os contextos imediatos somente interessam na medida em que, mesmo neles, funcionam condições históricas de produção" (POSSENTI, 2003, p. 12). Tal perspectiva se apoia na ideia de que "os contextos fazem parte de uma história, já que, também nessas instâncias de enunciação, os enunciados se assujeitam à sua formação discursiva" (POSSENTI, 2003, p. 12).

Mesmo considerando a fulcral importância dos condicionantes sócio-históricos e seus efeitos sobre o contexto imediato de produção, concebemos como imprescindível centrar o olhar sobre os elementos da situação imediata, buscando integrar as análises de tais elementos a outros fatores que também influenciam as estratégias discursivas dos escritores.

Bronckart (1999), sob influência de Habermas, propõe que a atividade de produção de textos se dê a partir das representações do sujeito pertinentes a três mundos: o mundo objetivo, o mundo social e o mundo subjetivo. Propõe, portanto, que a atividade de produção de textos se dê a partir das representações do sujeito relacionadas aos conhecimentos sobre as leis de funcionamento do mundo físico; representações sobre as normas, valores e dinâmica das relações entre os grupos; e representações sobre as características de cada indivíduo. A partir desse modelo de pensamento, Bronckart (1999) delimita dois grupos de elementos que constituiriam o contexto de produção: o contexto físico e o contexto sociossubjetivo.

Como contexto físico são apontados: o lugar de produção; o momento de produção; o emissor (pessoa que produz o texto) e o receptor (pessoa que recebeu o texto). Enquanto contextos socios-subjetivos são destacados: o lugar social (instituição em que o texto é produzido); a posição social do emissor e do receptor do texto; o objetivo e o conteúdo temático (informações/conteúdos referentes aos mundos físico, social e subjetivo mobilizados e integrados no texto).

Mesmo reconhecendo a grande influência do contexto físico sobre o produto da escrita, destacamos o papel do contexto sociossubjetivo no processo de escrita. Defendemos, assim, que quem escreve toma decisões influenciadas pelas representações a respeito das expectativas dos leitores situados em determinado espaço social. Recuperamos, então, o efeito da instituição de onde se enuncia sobre a atividade de linguagem. Assumimos, portanto, com Rojo (2003, p. 201), o princípio de que

> o enunciado passa a só adquirir sentido/significado/circulação a partir de situações concretas de produção (enunciação), que devem ser caracterizadas e levadas em conta enunciativamente, e não mais comunicacionalmente. Passam, então, a ter valor heurístico para a atribuição de sentido ou interpretação a pertinência a grupo ou cultura, os enquadres institucionais, as relações de poder e hierarquia nas instituições e os papéis sociais aí assumidos, determinantes de perspectivas, as relações interpessoais.

Embora reconheçamos que nem todos os determinantes sejam conscientes, acreditamos que na atividade de escrita desenvolvemos estratégias que refletem planejamento e monitoração sobre as ações de produção de ideias, textualização e registro do texto e que tais estratégias se desenvolvem nas diferentes situações de escrita em que determinados recursos ou procedimentos são eficazes. Assim sendo, quem escreve nem sempre é capaz de explicitar as razões de suas escolhas, embora seja capaz de resolver um mesmo problema de diferentes maneiras. O contato com os gêneros textuais mais usuais naqueles tipos de situações e as reações dos interlocutores constituem parte dos condicionantes das configurações dos textos escritos. Em suma, concordamos com Bronckart (1999) quando ele defende que todos os parâmetros que influenciam a organização textual compõem o contexto de produção.

Não sendo possível abarcar todos os parâmetros que influenciam a organização textual, definimos, a partir do estudo a seguir apresentado, como objeto de análise, alguns elementos do contexto imediato de produção, como o comando dado pela professora, as "falas" que antecederam a escrita do texto, a postura da professora no momento da escrita, as atividades prévias à produção, dentre outros.

Os efeitos do contexto imediato sobre os textos de crianças em uma situação de produção de texto da ordem do argumentar: relato de um estudo

Já informamos anteriormente que onze professoras de quatro escolas (três públicas e uma particular) participaram dessa pesquisa de duas maneiras: autorizando a realização de observações de aulas de produção de textos (três aulas) e aplicando uma atividade de produção de textos orientada pela pesquisadora. Neste estudo, analisaremos os relatórios de observação do dia em que as professoras aplicaram a atividade de escrita que orientamos e voltaremos aos textos das crianças, usando a categorização que foi apresentada no Capítulo 4.

A primeira etapa dessa fase da pesquisa foi realizada mediante a exploração geral dos relatórios. Assim, as onze professoras citadas no Capítulo 3 constituiriam, a princípio, o grupo de sujeitos da pesquisa. No entanto, em decorrência de problemas na transcrição de uma das fitas (onde havia vários trechos de difícil audição), duas turmas foram excluídas dessa fase de análise. Assim, nove professoras, ministrando aulas de dez turmas, foram alvo de investigação. Na TAB. 26, apresentamos as informações sobre as professoras que participaram dessa fase do trabalho.

TABELA 26

Perfil das professoras

PROFESSORA	TIPO DE ESCOLA	SÉRIE	IDADE	NÍVEL DE ESCOLARIDADE	TEMPO DE EXPERIÊNCIA EM ENSINO
1	Estadual de Pernambuco – Olinda	2ª	46	Nível Médio – Magistério	22 anos
2	Estadual de Pernambuco – Olinda	3ª	44	Superior – Psicologia	18 anos
3	Municipal de Camaragibe	2ª	Recusou-se a informar (+/- 40)	Superior – Pedagogia	16 anos
4	Municipal de Camaragibe	3ª	37	Superior – História	17 anos
5	Municipal de Camaragibe	4ª	49	Nível Médio – Magistério	22 anos
6	Municipal de Recife	2ª	38	Superior – Serviço Social e Estudos Sociais	18 anos
7	Municipal de Recife	3ª	56	Superior – Pedagogia	39 anos
8	Particular – Recife	2ª	30	Superior – Pedagogia	12 anos
9	Particular – Recife	3ª / 4ª	31	Superior – Fonoaudiologia Especialização – Educação infantil	09 anos

Em decorrência da supressão de duas turmas nessa fase da pesquisa, a quantidade de textos analisados também foi menor: 127 alunos participaram dessa nova etapa de análise. Ou seja, dos 156 alunos que escreveram textos de opinião, selecionamos aqueles de que tínhamos as transcrições das situações de aplicação da tarefa.

A primeira etapa dessa análise complementar foi iniciada com a exploração dos relatórios das aulas em que os textos foram produzidos. A atividade, conforme já descrevemos, constou de uma escrita de um texto em que os alunos deveriam defender a opinião deles sobre se "as crianças devem ou não realizar serviços domésticos".

Nessa análise, identificamos a natureza da discussão coordenada pelas professoras e a presença de "intervenções" da professora ou dos alunos tomando posição sobre o dilema proposto. Depois dessa análise, os dados foram cruzados com os dados relativos aos textos das crianças, a fim de investigar a possibilidade de efeitos dessas variáveis sobre as estratégias das crianças.

Como era a atividade proposta?

Para iniciarmos essa análise, consideramos essencial retomar as orientações dadas às professoras para que a atividade fosse desenvolvida. Conforme descrevemos no Capítulo 2, as professoras receberam a proposta de atividade em um encontro pedagógico, com anotações escritas sobre os procedimentos de aplicação da tarefa.

A primeira tarefa a ser feita no dia da aplicação seria a leitura da reportagem entregue. Essa reportagem, que foi extraída do suplemento Folhinha (FÁVERO, 1999, *in*: SOARES, 1999a), falava sobre a experiência de três crianças que "tomavam conta" da casa enquanto a mãe saía para trabalhar.

Eles são os donos da casa

Lavínia Fávero. Folhinha, São Paulo,
Folha de S. Paulo. *8 de maio de 1999, p. 4.*
Extraído de SOARES, Magda.
Português: *uma proposta para o letramento, 1999*

"Mãe é uma só", diz o ditado. Ela faz a comida, ensina a fazer a lição de casa, cuida da gente. E quando ela precisa trabalhar fora? Ainda bem que existem os irmãos.

A folhinha conta hoje algumas histórias de crianças que precisam substituir a mãe.

Elas aprenderam a se cuidar sozinhas, ajudam no serviço da casa e tomam conta dos irmãos menores, enquanto os pais dão duro fora de casa.

Na casa das trigêmeas Karen, Karina e Kátia, 8, quem manda depois da mãe é Kátia, a última das três a nascer. As meninas e o irmão Bismarck, 10, lavam a louça, varrem o chão, arrumam a cama, limpam o banheiro e até fazem comida.

"A Kátia dá mais bronca que a minha mãe, mas só nas meninas, porque elas param de arrumar a casa para assistir à televisão. Em mim, ela só dá bronca de vez em quando", conta Bismarck.

> A mãe deles, Maria Aparecida, 34, é diarista (faz limpeza cada dia para uma pessoa). Sai de manhã cedinho e só volta à noite. O pai delas mora em Altamira, no Pará.
> As tarefas de casa são divididas entre os irmãos. Bismarck arruma a mesa. "De lavar a louça, gosto mais ou menos, Kátia é que lava. Secar, a gente seca", diz.
> "Nosso quarto é organizado, pode olhar", fala Kátia. "Mas a mãe precisa mandar a gente fazer isso", conta Bismarck.
> Para ir à escola e fazer os deveres, não precisa mandar. Eles estudam à tarde e vão sozinhos, caminhando.

Na reportagem, a autora sutilmente assume o ponto de vista de que as crianças devem ajudar em casa, embora em nenhum momento esse ponto de vista seja explicitado. O processo de justificação da autora se dá de maneira indireta. No parágrafo inicial, ela repete um ditado popular: "Mãe é uma só". Nesse momento, assume a "voz social" de que a mãe é insubstituível no cuidado dos filhos. Ou seja, permeia aí a representação de que a mulher, no papel de mãe, é responsável pelos cuidados e proteção das crianças. A enumeração dos serviços realizados pela mãe confirma a ideia de que é da mulher a tarefa de cuidar da casa e dos filhos: "Ela faz a comida, ensina a fazer a lição de casa, cuida da gente". De outro lado, esse ditado traz subjacente o valor do reconhecimento dos filhos e da gratidão.

Essa leitura pode ser reconhecida também quando a autora pergunta: "E quando ela precisa trabalhar fora"? Nesse trecho, encontramos implicitamente que trabalhar fora é uma necessidade da mulher, e não um direito ou um dever social. Assim, embora o tema do texto seja o trabalho da criança, a divisão social do trabalho entre homens e mulheres é levada em conta no processo de justificação.

De outro lado, quando se diz que a mãe precisa trabalhar, impõe-se um ponto de vista de que não se pode questionar essa opção, pois é uma questão de necessidade, e não de desejo. Há, ainda, uma articulação entre essa justificativa e a necessidade de que as crianças trabalhem. A autora diz que "a mãe deles, Maria Aparecida, 34, é diarista (faz limpeza cada dia para uma pessoa). Sai de manhã cedinho e só volta à noite". Fica claro, portanto, que ela não tem condições de fazer os serviços domésticos pela falta de tempo.

Em outro trecho, a autora diz que as crianças "aprenderam a se cuidar sozinhas, ajudam no serviço da casa e tomam conta dos irmãos menores, enquanto os pais dão duro fora de casa". Fica, então, posta a divisão de tarefas: os pais "dão duro" fora de casa e as crianças assumem os serviços que seriam da mãe. Logo, elas estariam ajudando a mãe, e não realizando um trabalho que é fruto de uma divisão social da família, pois a mãe continua sendo a responsável pelas tarefas, embora esteja impossibilitada de fazê-las.

Enfim, o texto, além de motivar a atividade, reitera as vozes sociais que atribuem à mulher as tarefas domésticas, embora reconheçam que, diante das "dificuldades financeiras", ela precisa trabalhar fora. De outro lado, há, no texto, um menino que realiza atividades em casa. No entanto, ele, mesmo sendo mais novo que as meninas, não é o responsável pelo controle desses serviços: "Na casa das trigêmeas Karen, Karina e Kátia, 8, quem manda depois da mãe é Kátia, a última das três a nascer. As meninas e o irmão Bismarck, 10, lavam a louça, varrem o chão, arrumam a cama, limpam o banheiro e até fazem comida". O menino, nessa história, assume que "a Kátia dá mais bronca que a minha mãe, mas só nas meninas, porque elas param de arrumar a casa para assistir à televisão. Em mim, ela só dá bronca de vez em quando". Além do recurso ao exemplo (a enumeração das tarefas que as crianças assumem), veicula-se nas entrelinhas do texto que, embora todos ajudem, são as meninas as mais responsáveis pelas tarefas, em substituição à mãe que precisa trabalhar.

Subjacente a todo o texto, está a posição de que as crianças devem ajudar a mãe na realização dos serviços domésticos. Logo, na discussão dobre o dilema proposto já existe um primeiro ponto de vista a ser considerado.

A leitura do texto foi pensada para detonar a discussão e ativar alguns argumentos a serem debatidos. A autora da reportagem foi, portanto, a primeira interlocutora dos alunos. Ela foi citada na segunda atividade (discussão), que foi planejada para que os alunos enfocassem o tema em discussão, percebessem a relevância dele, bem como a existência de diferentes pontos de vista, de diferentes justificativas para tais posições e de oponentes à sua tese.

A discussão, tal como foi proposta, deveria centrar-se no dilema. A autora do texto seria uma interlocutora que iniciou o debate expondo justificativas sobre um ponto de vista. No entanto, o fato do texto estar publicado em um jornal e, depois, em um livro didático e de ter sido lido pela professora parece ter levado a autora a assumir uma voz dominante. Desse modo, o aluno poderia se colocar em um papel subordinado em relação a ela. Perguntamo-nos, no entanto, se o aluno assumiria passivamente a voz da autora do texto ou adotaria estratégias para contorná-la.

Por fim, o comando da atividade de escrita era dado. Preocupamo-nos em explicitar a finalidade e os destinatários dos textos. As crianças deveriam escrever um texto de opinião dizendo se elas achavam que as crianças deveriam ou não realizar serviços domésticos. Os destinatários, restritos ao contexto escolar, foram definidos como as crianças da própria turma, de início, que iriam ler e julgar quais textos iriam ser levados para outra turma da escola. Nessa outra turma, o texto seria usado para iniciar um debate sobre o tema, tal e qual foi feito com a reportagem a que eles tiveram acesso na realização da atividade. Consequentemente, alguns destinatários estariam presentes durante a atividade (professor e colegas de sala) compartilhando as informações que circularam no debate, ao passo que outros estariam ausentes no momento da atividade (alunos de outra sala), sendo necessário que o texto tivesse maior autonomia em relação ao contexto imediato de produção.

Assim, a informação de que outras crianças poderiam ler os textos e debater em sala de aula (outra classe da escola) foi formulada na tentativa de que nossos sujeitos construíssem o texto pensando em leitores que não participaram da situação de produção. De outro lado, estávamos interessados em fazer com que eles representassem um leitor a ser persuadido.

Todo o procedimento de aplicação da atividade foi gravado, em cada sala de aula, a fim de que pudéssemos, posteriormente, investigar se, de fato, tais previsões se confirmariam. Alguns dados referentes a esses relatórios serão tomados como objeto de reflexão nesse momento.

Como a atividade foi, de fato, realizada pelas professoras? Houve variações na condução da tarefa?

Em primeiro lugar, observamos que o texto foi lido em todas as turmas no início da atividade, como havíamos sugerido. No entanto, algumas diferenças quanto à condução das discussões foram observadas. Algumas professoras realizaram a discussão enfocando mais diretamente o tema proposto. Nesses grupos, mesmo que houvesse referência ao texto lido, esse era tido como mais uma fonte de informações/posições sobre o tema. Ou seja, o foco incidia sobre o dilema apresentado.

Em outras turmas, houve uma discussão sobre o tema, mas essa foi posterior a uma sequência de intervenções sobre o texto lido. Essas sequências tinham como foco o entendimento do texto, mais especificamente a localização de informações. Eram organizadas no formato de perguntas e respostas, em que os alunos diziam quem eram os personagens, qual era a profissão da mãe, onde estava o pai, como era a divisão de tarefas das crianças. Não houve reflexão sobre a posição do autor sobre o dilema proposto. Parecia estar subjacente a ideia de que se o texto foi lido, ele precisava ser usado como recurso para o desenvolvimento das estratégias de leitura, sobretudo de localização de informações.

Um terceiro tipo de intervenção foi pautado apenas na discussão sobre o texto. Os questionamentos acima expostos aconteciam nessas salas, mas não havia, num segundo momento, discussão sobre o dilema proposto.

Por fim, houve uma turma em que a professora não fez a discussão. Ela passou diretamente da leitura do texto para a fase de escrita.

Outra característica de variação dessas aulas foi quanto à presença de posições divergentes sobre o dilema. Em algumas turmas, foram observadas perspectivas diferentes e, em outras, todas as crianças apresentaram justificativas apoiando o mesmo ponto de vista: as crianças devem realizar serviços domésticos.

Por fim, dividimos as turmas quanto à presença, ou não, de posicionamento da professora sobre o tema. Embora nas orientações tivéssemos como sugestão que as professoras conduzissem o debate sem tomar posição, algumas delas não seguiram esse conselho e terminaram apresentando explicitamente o ponto de vista de que as crianças devem realizar serviços domésticos. Algumas que não explicitaram esse ponto de vista indicaram – pelo tom de voz e pela seleção de perguntas que faziam – a posição assumida de forma muito sutil. O QUADRO abaixo caracteriza as professoras quanto a esses três critérios de análise.

QUADRO 1

Caracterização geral da condução da atividade

Escola	Série	Condução da discussão	Natureza da discussão	Posicionamento da professora
1	2ª	Só descrição do texto	Sem divergências explícitas	As crianças devem trabalhar
	3ª	Descrição do texto + debate sobre o tema	Com divergências explícitas	Não se posicionou explicitamente
2	2ª	Só descrição do texto	Sem divergências explícitas	Não se posicionou explicitamente
	3ª	Só descrição do texto	Sem divergências explícitas	Não se posicionou explicitamente
	4ª	Descrição do texto + debate sobre o tema	Com divergências explícitas	As crianças devem trabalhar
3	2ª	Debate sobre o dilema	Sem divergências explícitas	Não se posicionou explicitamente
	3ª	Não fez discussão	Sem divergências explícitas	Não se posicionou explicitamente
4	2ª	Debate sobre o dilema	Com divergências explícitas	Não se posicionou explicitamente
	3ª	Debate sobre o dilema	Com divergências explícitas	Não se posicionou explicitamente
	4ª	Debate sobre o dilema	Sem divergências explícitas	Não se posicionou explicitamente

Houve efeitos das variações na condução da tarefa sobre os textos das crianças?

Para analisar os efeitos das variações na condução da tarefa sobre os textos das crianças fizemos o cruzamento entre essas características gerais do contexto de produção e os modelos textuais produzidos pelos alunos. Em relação à forma como a professora conduziu a discussão, encontramos que entre as crianças que estavam nas salas onde o foco da discussão recaiu sobre o tema em si houve maior quantidade de textos com inserção de justificativa da justificativa e/ou contra-argumentação. A análise de Qui-quadrado foi realizada para confirmarmos tal resultado e indicou que, de fato, as diferenças encontradas foram estatisticamente significativas [$X^2=40,239$, g.l, $p=.000$].

TABELA 27

Distribuição dos textos quanto ao modelo textual e forma de condução da discussão

MODELO TEXTUAL	CONDUÇÃO DA DISCUSSÃO								TOTAL	
	Debate sobre o dilema		Debate sobre o dilema + descrição do texto		Descrição do texto		Não realizou discussão			
	Freq.	%	Freq.	%	Freq.	%	Freq.	%	Freq.	%
Justificação + contra-argumentação	28	44,4	09	28,1	--	--	--	--	37	29,1
Só justificação ou só contra-argumentação	20	31,7	12	37,5	04	23,5	10	66,7	46	36,2
Ponto de vista ou ponto de vista + justificativa (sem justificativa da justificativa)	15	23,8	11	34,4	13	76,5	05	33,3	44	34,6
Total	63	100	32	100	17	100	15	100	127	100

Se observarmos cuidadosamente a tabela acima, podemos verificar que os modelos textuais em que foram inseridas justificativa da justificativa e contra-argumentação estiveram presentes apenas nas turmas em que as professoras discutiram sobre o tema proposto. Talvez esse procedimento tenha levado tais alunos a perceber a necessidade, naquela situação, de convencerem sobre o ponto de vista que estavam defendendo.

De outro lado, os modelos centrados na exposição de um ponto de vista ou de um ponto de vista com uma justificativa (sem justificativa da justificativa) foram mais frequentes nas situações em que as professoras realizaram a atividade de explorar o texto mediante a localização de informações (76,5%). Supomos que tal procedimento tenha aproximado a situação de escrita das situações de "ensino" de estratégias de leitura. Na escola, um dos eixos de ensino da língua portuguesa é a leitura. As recomendações sobre a necessidade de fazer o aluno tornar o texto um objeto de reflexão, localizando informações e respondendo perguntas sobre ele, são muito frequentes. Os próprios critérios de seleção dos livros nas redes públicas, baseados no Guia de Livros Didáticos (BRASIL, 1998), mostram a valorização desse tipo de atividade. Também nas propostas curriculares (BRASIL, 1997; CAMARAGIBE, 2000; RECIFE, 1996) e provas nacionais, como o SAEB, essas capacidades são altamente valorizadas. Assim, são atividades frequentes em sala de aula.

Outra hipótese, não necessariamente concorrente com esta primeira, é que essa situação de responder a perguntas se assemelha a situações do dia a dia, na modalidade oral, em que as crianças dizem suas opiniões sobre assuntos diversos. Levantamos tal hipótese quando analisamos um texto que apresentava a configuração ponto de vista + justificativa. Perelman (2001) também sugeriu tal interpretação analisando resultados de pesquisas em que se avaliavam textos de opinião de crianças.

As análises sobre a natureza da discussão também ajudaram a entender as escolhas das crianças no momento da escrita. Na TAB. 28, observamos que as crianças que estavam escrevendo os textos em salas em que apareceram posições divergentes tenderam a adotar mais os modelos com inserção de justificativa da justificativa e contra-argumentação (39,6%). Os textos só com ponto de vista ou ponto de vista mais justificativa foram mais frequentes nas salas em que não apareceram divergências (41,9%). Talvez essa característica da situação tenha levado os alunos a não sentir necessidade de defender o ponto de vista, uma vez que as pessoas não divergiam em relação a ele. No entanto, precisamos salientar que, mesmo nessas turmas, apareceram textos com justificativa da justificativa e/ou contra-argumentação. As diferenças entre os grupos em que apareceram divergências sobre o tema e os que não apareceram tais divergências foram estatisticamente significativas segundo o teste de Qui-quadrado [X^2=6,126, g.l. 2, p=.047].

TABELA 28

Descrição dos textos quanto ao modelo textual e natureza do debate

MODELO TEXTUAL	NATUREZA DO DEBATE				TOTAL	
	Com posições divergentes		Sem posições divergentes			
	Freq.	%	Freq.	%	Freq.	%
Justificação + contra-argumentação	21	39,6	16	21,6	37	29,1
Só justificação ou só contra-argumentação	19	35,8	27	36,5	46	36,2
Só ponto de vista ou ponto de vista + justificativa (sem justificativa da justificativa)	13	24,5	31	41,9	44	34,6
Total	53	100	74	100	127	100

Apesar de ter havido efeito do tipo de discussão sobre os modelos textuais adotados, não houve, segundo o teste de Qui-quadrado, diferenças significativas entre as turmas em que as professoras explicitaram seus pontos de vista e as turmas em que isso não ocorreu [X^2=4,004, g.l. 2, p=.135]. É possível que esse fenômeno seja decorrente de que, na maior parte das turmas, a professora, mesmo quando não emitia sua opinião, deixava transparecer seu ponto de vista sobre o tema. Como já dissemos, a própria leitura do texto já implicava aceitação da opinião do autor.

Mesmo não tendo havido diferença estatística entre as turmas, podemos verificar que há diferenças entre os grupos. Como podemos ver na TAB. 29, as professoras que não se posicionaram explicitamente levaram os alunos a desenvolver mais estratégias de inserção de justificativas das justificativas e contra-argumentações (32,4%). As professoras que explicitaram a opinião sobre o tema conduziram as atividades nas turmas em que apareceram mais os modelos pautados em ponto de vista ou ponto de vista + justificativa (sem justificativa da justificativa). Mais uma vez, afirmamos que consideramos que a natureza assimétrica da relação professor-aluno é um dos fatores de homogeneização dos discursos na escola. Estando numa relação subordinada, é difícil para o aluno contrapor-se ao que é a posição da instituição sobre os diversos temas a respeito dos quais eles falam. Nesse caso, no momento em que a professora expõe seu ponto de vista, ela, de alguma forma, desobriga o aluno de precisar defender tal ponto de vista, pois ela já deu a palavra final sobre o tema e, ao mesmo tempo, diminui mais ainda a possibilidade de defesa de um ponto de vista diferente.

TABELA 29
Distribuição dos textos quando ao modelo textual e quanto ao posicionamento da professora sobre o tema

MODELOS TEXTUAIS	POSICIONAMENTO DA PROFESSORA SOBRE O TEMA				TOTAL	
	Não se posicionou		Posicionou-se a favor (crianças devem trabalhar)			
	Freq.	%	Freq.	%	Freq.	%
Justificação + contra-argumentação	34	32,4	03	13,6	37	29,1
Só justificação ou só contra-argumentação	38	36,2	08	36,4	46	36,2
Só ponto de vista ou ponto de vista + justificativa (sem justificativa da justificativa)	33	31,4	11	50,0	44	34,6
Total	105	100	22	100	127	100

Por intermédio das análises realizadas, de forma ainda global, algumas conclusões podem ser pensadas. Uma das questões explicitadas no início do capítulo foi quanto ao modo como a situação imediata poderia influenciar a construção dos textos. Verificamos que nos grupos em que os professores centraram a tarefa no texto em si, descrevendo-o e realizando questões de interpretação, houve maior quantidade de textos com estruturas similares às "respostas a perguntas". Conforme dissemos, esse procedimento aproximou a atividade de situações cotidianas na escola. A seleção do gênero textual a ser adotado e adaptado pode, portanto, ter sido influenciada por tal sequência pedagógica.

Concordamos com Possenti (2003) quando alerta que no contexto imediato de produção funcionam condições históricas de produção. Ou seja, não podemos pensar na situação de produção sem entendermos as esferas de interlocução, sem adentrarmos nas instituições e práticas culturais das comunidades em que os processos interlocutivos ocorrem.

O gênero "resposta a pergunta" tão comum no contexto escolar pode, portanto, ser a referência para a escrita do texto solicitado. As representações sobre o contexto imediato seriam construídas, portanto, a partir das representações sobre a escrita e sobre as atividades escolares construídas ao longo do ano letivo. De outro lado, a condução dada por essas professoras evidencia que essa prática pedagógica está tão arraigada nas representações dessas docentes que numa situação em que essa sequência, por orientação externa, não se aplicaria, elas não abriram mão de realizá-la.

Essas análises gerais levam à constatação de que o contexto imediato de produção teria exercido efeitos sobre as estratégias adotadas pelas crianças para dar conta da tarefa proposta, como reafirmaremos a seguir.

Conclusões

Iniciamos este capítulo anunciando algumas questões que inspiraram as análises que fizemos no decorrer dele. Tomando como pressuposto a ideia de que os elementos que compõem o contexto de produção exercem efeitos sobre os textos produzidos em cada situação de interlocução, lançamos a questão central: Como a situação imediata de produção influenciou a construção dos textos?

Inicialmente, pudemos refletir que a situação imediata de produção exerceu efeitos marcantes sobre vários textos das crianças pesquisadas. No entanto, tais efeitos ocorreram em razão das representações construídas pelos alunos sobre a escola e outras situações de interlocução que guardavam semelhanças com a situação vivida.

Os diferentes modelos textuais produzidos, nessa perspectiva, seriam resultantes dos processos de adoção de gêneros textuais presentes nessa esfera de interlocução (a escola) que sofreriam adaptações em razão das características da situação imediata de produção, como propôs Schneuwly (1988). De outro lado, tais textos, por serem singulares, resultantes da dialética entre representações sobre os contextos de ação e sobre os gêneros textuais, nem sempre se filiam a apenas um gênero discursivo. Bakhtin (2000) fez referência a tal fenômeno ao abordar o imbricamento entre gêneros e Abaurre, Mayrink-Sabinson e Fiad (2003) exemplificaram tais processos em textos de crianças.

Nos nossos dados, evidenciamos algumas marcas desses efeitos nos textos das crianças. A primeira manifestação foi apontada quando comparamos as situações e os modelos textuais produzidos. Segundo indicaram nossos dados, os modelos textuais em que foram inseridas justificativa da justificativa e contra-argumentação só apareceram nas turmas em que as professoras discutiram sobre o tema proposto. Levantamos a hipótese de que esse procedimento tenha levado tais alunos a perceber a necessidade, naquela situação, de convencer a respeito do ponto de vista defendido.

Os modelos centrados na exposição de um ponto de vista ou de um ponto de vista com justificativa (sem justificativa da justificativa), que aparentemente são adaptações dos gêneros resposta a pergunta, foram mais frequentes nas situações em que as professoras realizaram a atividade de explorar o texto mediante a localização de informações (76,5%). Aqui, supomos que esse procedimento tenha aproximado a situação de escrita das situações de "ensino" de leitura (tarefas de interpretação de texto) ou de conversa oral (resposta a uma pergunta de opinião).

Assim, estamos salientando que a situação imediata influenciou os alunos à medida que mobilizou conhecimentos e representações anteriormente construídos em relação à esfera de interação onde ela ocorreu – a escola. Essa instituição tem especificidades, como qualquer outra esfera de interação, que condicionam a tarefa como um todo.

Outras questões foram discutidas quando buscamos pensar sobre as informações/questões levantadas durante a discussão que foram retomadas nos textos das crianças e sobre a presença de divergências durante a discussão em sala de aula. Observamos que, nas turmas em que foram explicitadas divergências, as crianças tenderam a adotar mais os modelos com inserção de justificativa da justificativa e contra-argumentação. Consideramos que a ausência de divergências na discussão poderia ter levado algumas crianças a não sentir necessidade de defender o ponto de vista, uma vez que as pessoas não divergiam em relação a ele. Para refletir sobre tal questão, podemos apelar para Breton (1999, p. 72), que retoma o conceito de inércia psíquica e social de Perelman e Olbrechts-Tyteca (1999) e defende que "devemos justificar bem mais as nossas mudanças do que as nossas permanências, nossas rupturas de conduta do que nossos hábitos". Assim, se estamos defendendo um ponto de vista que se distancia do que é comumente aceito ou do que é canônico, precisamos de um maior esforço de justificação.

Para aprofundarmos essa discussão, analisaremos mais detalhadamente os relatórios de aula e avaliaremos alguns textos de crianças a fim de explicitar mais claramente as marcas do contexto imediato escolar sobre as produções dos alunos.

As marcas do contexto escolar nos textos dos alunos

Nos capítulos anteriores, concluímos que as crianças de 8 a 12 anos são capazes de desenvolver estratégias argumentativas diversificadas para defender seus pontos de vista. Nos textos usados como exemplos nas nossas discussões, os pontos de vista foram, geralmente, apresentados com clareza e justificados. Em grande quantidade de textos foram consideradas diferentes vozes discursivas, seja por meio da justificativa da justificativa, seja por meio da contra-argumentação. Identificamos, também, que os tipos de intervenção didática a que tais crianças são expostas influenciam as formas como elas lidam com a tarefa. Em suma, defendemos e evidenciamos que as crianças produzem diferentes modelos textuais para defender seus pontos de vista e que tais modelos refletem as estratégias por elas adotadas para causar efeitos nos interlocutores, considerando que estão interagindo em um contexto específico, que é o escolar.

Nessa perspectiva, dando continuidade às discussões travadas no Capítulo 6, enfocaremos agora mais diretamente os efeitos das situações imediatas de produção sobre os textos das crianças avaliando textos infantis e buscando as pistas para identificar as marcas do contexto escolar sobre as produções das crianças.

As especificidades do contexto escolar de produção

Um aspecto central nessa discussão, conforme discutimos nos capítulos anteriores, é que na escola a atividade de escrita é realizada não apenas como processo interativo. As crianças e os professores sabem que, naquela esfera social, produz-se texto para aprender a produzir, ou seja, existem objetivos didáticos que orientam a atividade e, portanto, o professor é, necessariamente, um interlocutor do texto produzido, tendo como meta, avaliá-lo sob os parâmetros escolares de avaliação. De outro lado, pode-se propor atividades em que existam finalidades sociais miméticas às praticadas fora da escola, aproximando o aluno das esferas de interação extraescolares e dos gêneros textuais que aí circulam.

Em trabalho anterior (LEAL, 2003b) descrevemos aulas de várias professoras, mostrando que nem sempre tal preocupação está presente no contexto escolar e que isso traz consequências sobre as formas como as crianças encaram as atividades de escrita. De outro lado, apontamos que nem sempre é simples dar conta dessa tensão entre objetivos didáticos e finalidades sociais de escrita.

Miranda (1995, p. 26), ao enfocar tais tensões, conduz suas preocupações para as situações em que os professores propõem atividades que, embora semelhantes aos contextos de uso reais, são "jogos de faz de conta", em que os alunos atendem a finalidades e destinatários imaginários. A autora salienta que,

> ao final das contas, todas as vertentes desse jogo têm como fonte a imagem que o aluno faz do professor. Para romper com essa cadeia (no duplo sentido corrente/prisão) interativa têm sido propostas atividades em que o aluno e o professor fazem um exercício extremamente difícil (e, quem sabe, estéril) de fingir que são outros interlocutores, como, por exemplo, numa situação em que os alunos teriam que escrever uma carta ao Papa denunciando a hipocrisia humana. Diante

dessa tarefa, eles deveriam imaginar quem o professor pensa que o Papa é; o que o professor imagina que o Papa imagina sobre a hipocrisia humana; o que o professor pensa sobre como deve ser uma carta escrita para o Papa.

Entretanto, uma estratégia pedagógica com essas características merece ser repensada na sua validade, já que vem servindo apenas para mascarar um modelo de produção de texto escolar: a dissertação escolar sobre determinado assunto.

Nesse sentido, os críticos desse tipo de solução propõem que os alunos escrevam para destinatários reais e diversificados. No entanto, alertamos que, mesmo nesses casos, conforme vimos discutindo, há um jogo de representações, pois os alunos sabem que escrevem para aprender a escrever e o professor, assim, continua sendo um interlocutor e, geralmente, o principal leitor dos textos.

Dessa forma, propomos ampliar tal discussão recuperando o pressuposto já apresentado de que há um desdobramento dos gêneros textuais na instituição escolar, dadas suas peculiaridades e finalidades sociais: "fazer aprender".

Não estamos, com isso, pregando um "determinismo para o fracasso". Concebemos, sim, que a proposição de boas situações de escrita, em que os alunos aprendem a atender a diferentes finalidades, sob orientação do professor, é um caminho privilegiado de construção das capacidades textuais.

Outros autores, como Leal (2003), também salientam a importância de se favorecer a escrita com bons comandos dos professores. Ao analisar textos de crianças, essa autora evidenciou marcas do contexto escolar de produção como entraves desse processo de aprendizagem.

Um dos exemplos utilizados pela autora foi de um trabalho de uma criança de uma turma de alfabetização em que ela colocou, no meio da página, um traço, dividindo duas partes desarticuladas do texto. Ao analisar o comando dado para a produção (Faça um desenho de sua pessoa e conte o que você fez em suas férias), Leal concluiu que a criança segmentou a página em duas tarefas independentes: apresentar-se; dizer como foram as férias. Assim, a autora afirma que, a partir dessa informação, o modo de olhar (compreender) o texto em análise passa a ser outro: o de que o aprendiz da escrita se esforçou por atender a uma proposta que lhe foi apresentada. E, assim, responde à altura: 'já que me foi solicitada a produção de dois textos, aí estão' (LEAL, 2003, p. 58).

Outro exemplo dado pela autora foi o de uma criança do 3º ano de vida escolar que, ao ser requisitada a produzir um texto em que as crianças falariam sobre elas próprias, escreveu um texto contraditório. A autora fez a seguinte análise:

> Falar de si mesmo para o outro é uma tarefa que exige do sujeito uma expressividade particular, às vezes dificultada pela própria situação comunicativa. Como o aluno deveria escrever sobre como se sente na escola, dentro da própria escola, era previsível que os esforços do aluno se centrassem em atender a um determinado jogo: falar bem da escola para, com isso, construir também uma imagem de si mesmo. Assim, o texto é muito mais o reflexo do que a escola quer ouvir, do que aquilo que o produtor do texto realmente pensa sobre ela. Esse jogo é perceptível no esforço do aluno em apresentar uma imagem altamente positiva da escola, deixando escapar, no entanto, algumas contradições, no caso, fruto do impasse entre o que diz e o que realmente quer dizer. (LEAL, 2003, p. 62)

Esse fenômeno, conforme discutimos no Capítulo 5, foi também identificado na análise de textos de algumas crianças em que foram apresentadas restrições ao ponto de vista defendido, sem que as respostas a essas restrições fossem adequadamente refutadas.

Esses exemplos conduzem à necessidade de entender as relações que se instalam no interior da escola e as atividades propostas pelos professores em sala de aula para, de modo mais aprofundado, identificarmos as "falhas de escrita das crianças" e desenvolvermos intervenções didáticas mais favoráveis ao processo de aprendizagem.

Concebemos, pois, como primeiro elemento do contexto imediato de produção de textos na escola, os comandos das atividades dados pelos professores. Anteriormente, na análise dos dados do Capítulo 3, mostramos que no cotidiano escolar existem diferentes tipos de ensino e que os comandos para as atividades de escrita são variados. Em alguns existe explicitação de finalidades sociais para a escrita, interlocutores e gêneros textuais. Em outros, predominam as situações a partir de comandos vagos ("Escrever um texto a partir de tudo que discutimos"; "Escrever texto a partir da gravura"...). Outros estudos vêm também denunciando a existência frequente de atividades de escrita em situações confusas, em que os alunos precisam escrever a partir de comandos pouco elucidativos (MOCELIN; LEAL; GUIMARÃES, 2001, por exemplo).

Ainda pensando no contexto de produção de texto na escola, é relevante atentar para as orientações que são dadas antes ou durante a escrita. Evangelista *et al.* (1998), ao analisarem textos produzidos numa avaliação de rede pública de ensino, encontraram várias marcas das orientações dadas para a tarefa. Em uma das propostas, solicitou-se que os alunos escrevessem sobre "o que acharam do ano que tinha se passado" (4ª série). Para "auxiliar" os alunos, foram colocadas várias perguntas que poderiam ajudar a gerar ideias. Alguns alunos responderam às questões do roteiro, na ordem em que apareceram. As autoras, então, comentaram:

> "As perguntas (sob forma de roteiro) que seguiram o quadro ilustrativo da proposta compuseram junto com ele as indicações para que o aluno-autor imaginasse ou configurasse o seu texto segundo as expectativas do seu leitor no contexto escolar, que é representado preferencialmente pelo professor" (MOCELIN; LEAL; GUIMARÃES, 2001, p. 33).

Um outro comentário das autoras foi que também houve feito da ilustração da proposta. Na análise de um dos textos, Evangelista *et al.* (1998, p. 33) mostraram que "a palavra fevereiro (que aparece no calendário da ilustração da proposta) foi articulada com o texto em que se insere apenas pela associação que se pode estabelecer com a expressão Da Quarta para Quinta". Assim, alguns alunos acharam que o professor esperava, naquela situação, que todas as informações que estavam impressas no papel da prova fossem incorporadas ao texto.

Em um estudo anterior (LEAL, 2003b) já citado, mostramos que em uma aula de uma professora de 4ª série houve certa confusão porque a professora, ao solicitar um texto em que os alunos iriam avaliar a feira do conhecimento, disse que o objetivo dela era que eles prestassem atenção na marcação dos parágrafos do texto. Um dos grupos, nesta aula, colocou como título do texto "Paragrafação".

Estamos, assim, evidenciando que tudo o que se diz compõe o contexto de produção do texto. As crianças ficam atentas ao que seu principal interlocutor espera delas na situação e, muitas vezes, os professores não percebem o que os alunos compreenderam sobre suas orientações.

Concebemos, também, como primordial na análise do contexto de produção, a investigação das atividades que precederam a produção de texto propriamente dita: leitura de textos, discussão, conversa sobre outros assuntos. A sequência de atividades que leva à escrita parece ter um efeito marcante sobre as estratégias das crianças.

Há, enfim, muitos aspectos que compõem o contexto de produção, como o tempo para a escrita do texto, o lugar em que o texto está sendo escrito, as pessoas que estão presentes durante a produção, os recursos disponíveis para a realização da atividade, dentre outros.

Apesar de reconhecermos a fulcral importância de todos os fatores até este momento citados (comando dado, orientações adicionais, atividades que antecederam a escrita, o tempo para escrita, o local, os recursos disponíveis), concordamos com diversos autores (ORLANDI; GUIMARÃES, 1985; BRONCKART, 1999; POSSENTI, 2003, dentre outros), conforme já sinalizamos, que afirmam que não podemos considerar que o contexto de produção seja formado apenas pelo que é explícito e pelos fatores físicos. Há, ainda, a considerar: os lugares sociais que ocupam os interlocutores e as representações que um tem do outro, o tipo de relação professor-aluno construído na escola, as representações sobre o tema no contexto escolar, dentre outros. Destacamos, no bojo dessa questão, que, na escola, as representações que os alunos têm sobre o que os professores acham deles e as representações sobre o que os professores consideram que eles deveriam pensar sobre o assunto em pauta também interferem na construção textual.

Partilhamos com Rojo (1999), portanto, que a instituição escolar apresenta especificidades em relação às demais esferas de interação, por, intencionalmente, construir com o aluno pontes entre gêneros textuais primários, que eles já dominam nas relações privadas de que participam mais intensamente, e secundários, a que eles também têm acesso, embora nem sempre sejam convidados a ler, produzir ou comentar. Essa autora destaca algumas dimensões das atividades de escrita que ocorrem nessa esfera:

> • quanto ao lugar social de articulação destes discursos, trata-se, como indicamos, de uma instituição intermediária entre as esferas privadas/cotidianas e as públicas; mais que isso, trata-se, em nossa sociedade, da instituição "ponte" entre ambas, que, visando a construção de um sujeito social capaz de atuar na vida pública (cidadão), trata com interlocutores que têm pouca ou nenhuma experiência das esferas públicas de discurso e que têm uma vivência mais sedimentada dos gêneros primários, cotidianos e privados. Os gêneros secundários, próprios das esferas públicas, serão objetos de construção (intencionada ou não) dessas interações escolares;
>
> • quanto ao estatuto social dos participantes centrais da interação (professor(a)/aluno(a)s), trata-se de uma situação assimétrica de interação, como assinala a maior parte da pesquisa neste domínio [...], ou seja, (existe) um enunciador[1] em posição dominante (decorrentemente, um destinatário em posição subordinada) em pelo menos dois domínios de poder: o domínio cognitivo (pelo menos em tese, supõe-se, que, na sala de aula, o professor é detentor do saber sobre

---

[1] Entendido, aqui, não só como o enunciador empírico – o professor –, mas também como aqueles dos textos orais e escritos que este coloca em circulação na sala de aula.

[2] Poder-se-ia contra-argumentar a esta análise que as próprias condições do dialogismo implicado nas interações e, particularmente, a dita "reversibilidade" presente nas interações dialógicas face a face pode representar, às vezes, rupturas e mesmo inversões nestas relações de poder. Cremos ser esta uma posição de "boa consciência", mas que é contraditada por todos os resultados de análise da dita "estrutura IRA", que mostram que, de uma ou outra maneira, o professor acaba sempre por deter o domínio sobre os tópicos e discursos em circulação (inclusive e principalmente, quando o tópico é as "regras") e sobre a distribuição dos "direitos de dizer": os tópicos e os participantes.

o objeto de ensino) e o domínio sociocultural[2], *i.e.*, o poder dominante (de regular, normalizar e regrar) que a hierarquia institucional atribui ao professor. [...]

- quanto à finalidade da interação, embora possamos dizer, de maneira bastante genérica, que, nesta esfera de comunicação social, a finalidade é o ensino-aprendizagem, cremos que a grande contribuição deste tipo de análise enunciativa é justamente distinguir os diversos tipos de enunciação que se instalam, a partir de diferentes finalidades presentes neste processo de ensino-aprendizagem mais global, regidas principalmente, pelos diferentes objetos em negociação.
- quanto ao tempo-espaço material da interação. (ROJO, 1999, p. 5)

Em suma, são muitos os elementos que compõem o contexto de produção. Para continuarmos essa conversa, analisamos alguns desses elementos que influenciaram as escritas dos alunos apresentadas nos capítulos anteriores.

Olhando novamente para os textos das crianças... Ser autor e ser aluno

Já informamos, nos capítulos anteriores, que onze professoras de quatro escolas (três públicas e uma particular) participaram dessa pesquisa de duas maneiras: autorizando a realização de observações de aulas de produção de textos (três aulas) e aplicando uma atividade de produção de textos orientada pela pesquisadora. Conforme indicamos anteriormente, as situações de aplicação da tarefa de escrita foram gravadas e, posteriormente, transcritas para análise do contexto imediato de produção. Para as análises apresentadas no Capítulo 6, 9 professoras, ministrando aulas de dez turmas, foram alvo de investigação.

Neste capítulo, escolhemos três das dez turmas para uma reflexão mais detalhada sobre quanto as situações escolares influenciam as estratégias discursivas das crianças. Como critério de seleção dessas turmas, usamos os resultados das análises gerais dos textos dos alunos, que foram apresentados no Capítulo 4: decidimos explorar mais detidamente as situações de produção nas turmas em que os alunos, em cada série, inseriram mais justificativa da justificativa e contra-argumentação, evitando, pois, os textos em que os alunos adotavam o gênero de "resposta à pergunta".

Esse critério, no entanto, precisou ser relativizado. Se utilizássemos tal critério de seleção, iríamos centrar mais a discussão sobre a escola particular,[3] pois na 2ª e 3ª séries foi nessa escola que tal perfil ocorreu. Na 4ª série, a percentagem da escola 1 foi ligeiramente mais alta nesses modelos textuais. Resolvemos, então, escolher as turmas com a segunda maior quantidade de textos nas configurações que atendiam ao critério acima exposto (justificação + contra-argumentação), o que nos levou a analisar as produções dos seguintes grupos-classe: 2ª série da escola 3; 3ª série da escola 1 e 4ª série da escola 4.

A primeira etapa dessa análise complementar foi iniciada com a exploração dos relatórios das aulas em que os textos foram produzidos. A atividade, conforme descrevemos no Capítulo 6, constou de uma escrita de um texto em que os alunos deveriam defender a opinião deles sobre se "as crianças devem ou não realizar serviços domésticos". As orientações dadas às professoras foram:

a) leitura do texto "Eles são os donos da casa" (reportagem de jornal);

b) discussão sobre se as crianças devem ou não trabalhar em casa sem tomada de posição pelo professor, que tinha a função apenas de coordenador do debate, e;

c) solicitação às crianças que escrevessem, individualmente, um texto dizendo a opinião delas, pois eles seriam lidos para outras crianças e seriam escolhidos alguns para serem debatidos em outra sala de aula da escola.

Para as análises mais minuciosas sobre as marcas da escola nos textos dos alunos, retomamos as análises iniciais em que

---

[3] A escola particular pesquisada atendia crianças de nível socioeconômico médio-alto. Apresentava uma proposta curricular que enfatizava o processo de letramento e investia na formação continuada dos professores.

caracterizamos as práticas de escrita nessas turmas, descrevemos os grupos e fizemos uma análise das situações imediatas de produção nos dias de aplicação da tarefa proposta, por meio dos relatórios com transcrição das fitas de áudio. Depois, analisamos alguns textos de alunos, buscando encontrar as marcas desse contexto de produção nos textos produzidos.

Fizemos essas reflexões em três tópicos, divididos por turma. Em cada tópico, iniciamos com a apresentação da turma e da professora, descrevemos situação de aplicação da tarefa e, por fim, analisaremos textos dos alunos produzidos nessa situação.

2ª série – escola 3

A escola 3, da Rede Municipal do Recife, atendia crianças de Ensino Fundamental (até 4ª série), em dois turnos (manhã e tarde). A escola tinha bom espaço físico e as salas eram limpas e arejadas. A escola situava-se próximo à Universidade, de modo que recebia muitos estagiários e professores da universidade. A professora da 2ª série, 38 anos, tinha cursado Serviço Social e Estudos Sociais e já tinha 18 anos de experiência de ensino.

A turma era grande (38 alunos), mas a professora tinha bom controle do grupo e boa relação com eles, mantendo-os engajados nas atividades propostas. Os alunos já dominavam a escrita alfabética e participavam intensamente das aulas.

Nas aulas observadas, essa professora solicitava a escrita de textos, delimitando as finalidades e destinatários (reais ou imaginários). No primeiro dia de observação, ela estava dando continuidade a um projeto de produção de um álbum para a família, que conteria em cada página um texto sobre alguém da família (destinatários reais). No segundo dia, eles produziram uma propaganda (destinatários imaginários) e no terceiro dia, uma carta para uma atleta que tinha visitado a escola (destinatário real). A concepção de texto que permeava a fala da professora e as atividades era referenciada nas perspectivas sociointeracionistas, pois ela sempre lembrava que para escrever era preciso pensar no leitor e na finalidade, fazendo reflexões sobre algumas dimensões dos gêneros textuais que estavam produzindo.

Na aula em que propôs a escrita de uma propaganda, ela dizia que eles precisavam pensar no que dizer ao leitor que quisesse comprar o produto e fazia referências aos textos de circulação, mostrando que eles não diziam coisas ruins sobre o que queriam vender. Essas intervenções levavam as crianças a pensar no interlocutor e nos possíveis efeitos que o texto causaria. Supomos que tais discussões poderiam ajudar o aluno a perceber que durante a escrita é preciso refletir sobre os interlocutores e sobre suas próprias representações. Assim, os alunos poderiam começar a sentir necessidade de considerar a "voz" do outro no seu próprio texto.

No dia da aplicação da atividade, havia 33 alunos presentes em sala. Nenhum era fora da faixa etária e todos os textos foram legíveis. Desses textos, 29 foram classificados como "texto de opinião" (17 meninas e 12 meninos).

A atividade começou às 10h40, com a professora lendo o texto. Após a leitura, iniciou-se a discussão:

– Bom, a professora leu, certo? E a tia quer que a gente comente agora sobre esse texto. O que foi que vocês acharam desse texto 'Se as crianças devem ou não trabalhar em casa'?
– Devem – respondem os alunos.
– Por que é que as crianças devem? Vocês dizem que devem trabalhar em casa.
– Pra ajudar a mãe, o pai – responde um aluno.
– Pra ajudar as mães e os pais, é? – pergunta a professora.
– É – responde um aluno.
– Como é A? – pergunta a professora.
– Já que a mãe dela vai trabalhar, ela arruma a casa – diz o aluno A.
– Já que a mãe dela vai trabalhar, ela fica em casa arrumando a casa.

As crianças começaram a discutir sobre o tema. Observemos que, na primeira fala, o aluno salienta que as crianças devem ajudar a mãe e o pai; já na segunda, o aluno identifica a mãe como a responsável pelas tarefas.

Depois dessa introdução do tema, as crianças iniciaram uma série de relatos pessoais, confirmando que crianças (elas próprias) realizam serviços domésticos. Essa atitude das crianças foi reforçada pela professora, que incentivava que elas falassem sobre o cotidiano doméstico. A referência, não podemos deixar de considerar, foi o texto lido, em que apareceram relatos das crianças. Nesse momento, é bom frisar que a presença de exemplos pessoais ocorreu em 17,3% dos textos analisados em todas as turmas (considerando os 156 textos de opinião). Nessa turma, apareceram exemplos pessoais em 20,7% dos textos (acima da percentagem geral). Aliás, entre as turmas de 2ª série, essa foi a única em que os exemplos foram usados nos textos escritos. Consideramos que o incentivo dado às falas das crianças contendo relato pessoal pode ter sido um dos fatores para utilização desse tipo de estratégia argumentativa. Não podemos deixar de ressaltar que o uso de exemplos é uma estratégia legítima de persuasão. Outros autores, como Perelman e Olbrechts-Tyteca (1999), Billig (1991), Breton (1999), dentre outros, também defenderam tal perspectiva.

Depois das intervenções com relatos pessoais, a professora perguntou se alguém discordava da posição que até aquele momento era a única.

> – Quer dizer, a maioria, parece que todos, disseram que os filhos devem ajudar os pais que trabalham fora, não é? Alguém discorda disso? Alguém acha que não deve ajudar? É essa opinião aí? Tem alguma opinião dizendo que não é pra ajudar? Que o filho não é pra ajudar quando o pai trabalha fora? A mãe trabalha fora? Alguém acha isso? Alguém tem essa opinião que não, não é pra ajudar a mamãe, que é pra mim brincar, só brincar, só estudar, mamãe que se vire?
> – Tem que ajudar – diz um aluno.

Nesse trecho, percebemos a tensão quanto aos dois dilemas que se cruzam na temática proposta: crianças devem fazer serviços domésticos X homens devem fazer serviços domésticos. A professora inicia a intervenção falando sobre o pai e a mãe, mas, quando chega ao final, centra a fala na mãe, sobretudo quando faz o apelo mais forte: "Alguém tem essa opinião que não, não é pra ajudar a mamãe, que é pra mim brincar, só brincar, só estudar, mamãe que se vire?".

De outro lado, esse trecho final conduz à posição da professora: as crianças devem ajudar as mães. As representações sobre a mãe e sobre o que "devemos a ela" aparecem implicitamente no discurso quando ela pergunta se é para deixar a mãe se virar. Neste momento, podemos retomar o texto lido em que aparece que "mãe é uma só".[4]

Percebemos que, nas entrelinhas dos discursos, tanto a autora do texto quanto a professora induzem à ideia de que as crianças devem ajudar. Nessa turma, assim como nas escolas 1 e 2, 100% das crianças defenderam que as crianças devem realizar serviços domésticos. Apenas na escola 4 esse discurso não foi unificado, pois apenas 54,5% das crianças defenderam essa posição.

Duas questões podem ser consideradas. As três escolas em que as crianças, por unanimidade, assumiram a "voz" da escola eram públicas. De um lado, podemos salientar que grande parte das crianças vive a realidade exposta na reportagem, em que as mães trabalham e não têm quem faça os serviços domésticos. Na escola 4, particular, as crianças, geralmente, contam com os serviços das "empregadas domésticas" que substituem os adultos nessas tarefas. É possível que esse seja um dos fatores de diferenciação. Assim, mesmo havendo um discurso implícito no texto e na escola quanto à necessidade de as crianças ajudarem em casa, a realidade do cotidiano não conduz a tal afirmação. De outro lado, Rojo (1999) cita que na escola particular, apesar de a relação professor-aluno ser assimétrica (porque a professora detém o conhecimento e o poder de reger a disciplina e a dinâmica do grupo), há, do ponto de vista socioeconômico, uma inversão dessa assimetria porque, em grande parte das situações, as famílias das crianças detêm maior poder aquisitivo. Essa também é uma hipótese para a maior "quebra de expectativa" em relação ao ponto de vista assumido (menor homogeneização do discurso).

Na turma agora analisada, durante os relatos pessoais orais, houve uma predominância de fala das meninas. Quando um aluno falou que lavava pratos, alguém riu, e a professora perguntou se a

---

[4] Ver o texto lido no Capítulo 6.

turma achava que menino deveria lavar pratos. A turma respondeu que sim. Um menino acrescentou:

– Tia, a gente deve ajudar as mães porque quando a gente tá doente ela não ajuda? Ajuda a gente quando a gente tá doente. Ela ajuda a gente – diz o aluno D.

– Tá vendo a mensagem e a opinião de D? Todo mundo escutou o que a gente falou. É isso mesmo. Vocês sentem a mesma coisa, vocês concordam com ele? Alguém discorda?

Os alunos respondem em uma só voz que concordam. A professora perguntou o que eles sabiam fazer, o que é, indiretamente, uma forma de exercitar a enumeração de exemplos. Os alunos responderam, dizendo cada serviço que faziam. A professora tornou a falar sobre diferenças entre o trabalho para as meninas e para os meninos. Ela disse que não havia diferenças e os alunos também.

– Todo mundo é igual, só muda o sexo – diz uma aluna.

– Todo mundo é igual, só muda o sexo. Como é só mudar o sexo? O que é o sexo aí no caso?

– Menina e menino – diz uma aluna.

– Menina e menino. É isso gente?

– É – Respondem os alunos.

– Todo mundo é igual, só muda o sexo. Menina é o sexo menina e o outro é o sexo menino. Mas como é que a gente chama isso?

– Masculino e feminino – respondem os alunos.

– Mas a diferença só é essa. Mas fazer todo mundo pode fazer, desde que tenha vontade de querer fazer. É isso? Ou não?

Nesse trecho da aula, encontramos as evidências da busca da homogeneização do discurso. O riso diante do relato de um menino foi apagado pela presença da professora, que impôs a posição de que os meninos também devem realizar os serviços domésticos. A contradição permanece pela fala que antecedeu esse diálogo, quando o menino diz que é preciso ajudar "a mãe" porque, quando eles estão doentes, ela também ajuda.

Às 11h05, a professora falou sobre a produção do texto explicando como era pra ser feito o trabalho, dizendo:

– A professora vai querer agora... Presta atenção! Vê pra entender direito o que é que tia quer que vocês façam. Vejam! Vocês vão fazer um texto, escrevendo a opinião de vocês sobre o que a gente discutiu aqui: se as crianças devem ou não trabalhar em casa. Entenderam, gente? A professora vai dar um papel e vocês vão dar a opinião de vocês sobre essa questão das crianças trabalharem em casa ou não. Entendeu? Se as crianças devem ou não trabalhar em casa. Vão dar a opinião de vocês. Alguém não entendeu? Entendeu o que tia quer que vocês façam agora? Escrever um texto dando a opinião de vocês. Esse texto que vocês vão fazer dando a opinião de vocês vai ser lido por outras crianças, em outras...

– Escolas – completam os alunos.

– Não, outra sala tá?

– Vocês vão escolher, eles vão escolher os melhores – lembra a observadora.

– Viu? Ó, vocês vão escolher os textos. Depois que nós fizermos os textos, vamos escolher. Quer dizer, vocês vão escolher alguns textos para serem levados para outra sala para os alunos de lá lerem os textos que vocês fizeram. Alguns. Não vão ser todos, né? Até porque são muitos, né? Parece que aqui tem 36 alunos hoje, né? Então a gente faz o texto, depois vocês vão escolher o texto pra outras crianças, outros alunos de outra sala ler o texto que vocês fizeram, ver a opinião de vocês sobre esse assunto, sobre esse tema, tá certo?

– Tá – respondem os alunos.

– Entenderam? Entenderam bem isso aí? Tá certo gente? Tá bem entendido isso? Vão fazer o texto dando a opinião de vocês sobre isso que a gente discutiu agora, sobre se as crianças devem trabalhar em casa ou não, por que é que deve trabalhar, por que é que não deve trabalhar em casa, tá? Depois, a gente vai escolher alguns textos para serem lidos pelos seus colegas em outra sala. Alguém não entendeu?

A professora distribuiu as folhas e a régua e perguntou se era necessário que eles escrevessem alguma coisa com relação à organização da atividade na folha. A observadora respondeu que não. Mas assim mesmo ela escreveu no quadro o cabeçalho e o comando geral do texto:

1) Dê a sua opinião sobre: As crianças devem ou não trabalhar em casa? Por quê?

Um dado interessante foi que após professora anotar no quadro o tema, as crianças também o fizeram nas folhas que receberam. Assim, a questão colocada no topo da página já serviria de informação para o leitor sobre a finalidade do texto. Levantamos a hipótese de que o acréscimo do pedido de justificativa (Por quê?) e a intervenção da professora, dizendo que eles deveriam fazer um texto dando a opinião "sobre se as crianças devem trabalhar em casa ou não, por que é que deve trabalhar, por que é que não deve trabalhar em casa" poderia ter levado os alunos a inserir as justificativas no texto. No entanto, quando comparamos esses dados com as outras turmas de 2ª série, essa hipótese não se confirmou, pois as outras professoras não explicitaram tal necessidade e não houve supremacia dessa turma sobre as demais nesse aspecto: nas escolas 1 e 4, nenhuma criança produziu texto só com ponto de vista. Nessa turma (3), 13,8% o fizeram. A única turma em que esse modelo textual ocorreu com grande frequência foi a da escola 2 (75% dos textos).

Depois, a professora pediu às crianças que lessem duas vezes antes de entregarem a tarefa. Isso pode tê-las feito melhorar o texto, diferentemente de outros grupos em que as crianças entregaram as folhas logo que terminaram. Durante a produção, uma aluna comentou com a outra sobre a necessidade do parágrafo. Às 11h45 acabou a aula.

Na análise da situação, vários pontos foram destacados. O primeiro aspecto foi que a professora centrou a discussão sobre o tema. Embora os alunos tenham começado a falar do texto, ela inseriu perguntas que afastaram a situação de uma tarefa de comentar o texto lido.

No tocante à natureza da discussão, percebemos que, embora não tenha havido discordâncias explícitas sobre o tema, quando um aluno começou a dizer que fazia trabalhos domésticos, houve risos, que foram abafados pela professora, que conduziu os alunos a relatar experiências pessoais de acordo com o tema proposto. Assim, ela fez com que eles, preocupados com a imagem diante dela, assumissem que era tarefa dos meninos, também, fazer os serviços domésticos. Estamos, assim, evidenciando que, embora a professora não tenha dito explicitamente a posição dela sobre o tema, conduziu os alunos a adotar o ponto de vista que endossava a fala da autora do texto. Em um dos trechos, ela assumiu a direção argumentativa, quando, incitando os alunos que pensavam de forma diferente a falar, afirmou: "Alguém acha isso? Alguém tem essa opinião que não, não é pra ajudar a mamãe, que é pra mim brincar, só brincar, só estudar, mamãe que se vire"?

Estamos, portanto, mostrando como, na atividade, a professora, de um lado, dizia aos alunos que falassem o que estavam pensando e, de outro, conduzia-os a falar o que estava previsto na instituição (condução a um discurso hegemônico).

Outro aspecto a ser salientado é que, nessa turma, o dilema foi voltado para as diferenças entre meninos e meninas. As crianças diziam que era tudo igual (só muda o sexo). No entanto, a tônica da discussão era que eles deveriam ajudar a mãe. Ou seja, essa era uma tarefa da mãe, e não do pai. A tensão, então, ficou clara no discurso da professora, da autora do texto e dos alunos.

Por fim, quanto à estrutura textual, a professora, embora não tenha dito como ela queria o texto, em uma das falas, salientou a importância da justificativa: "Vão fazer o texto dando a opinião de vocês sobre isso que a gente discutiu agora, sobre se as crianças devem trabalhar em casa ou não, por que é que deve trabalhar, por que é que não deve trabalhar em casa, tá?", e escreveu o enunciado da atividade no quadro.

Ao observarmos os textos dos alunos, percebemos que, entre as turmas da 2ª série, foram essas crianças que produziram os maiores textos (37,93 palavras em média). Em relação às estratégias discursivas, verificamos que 58,6% das crianças inseriram justificativa da justificativa e/ou contra-argumentação nos textos. Essa quantidade só foi superada, na 2ª série, pelos alunos da escola 4 (81,9%). A análise mais pormenorizada de dois desses textos pode nos ajudar a entender melhor as estratégias adotadas pelas crianças.

O texto 17, produzido por uma menina de 10 anos, recupera algumas das discussões que realizamos anteriormente. O ponto de vista da criança está claro: ela concorda que as crianças devem trabalhar e duas justificativas integradas são apontadas (as crianças podem fazer o que a mãe manda; a mãe trabalha). Tais justificativas são encadeadas num processo de articulação interna (justificativas das justificativas):

a criança deve fazer o que a mãe manda porque "a mãe não pode fazer o que a gente faz", porque ela trabalha para comprar roupas.

Texto 17

[manuscrito]

1º) Dê a sua opinião sobre: As crianças devem ou não trabalhar em casa? Por quê?

Se eu fosse um menino, eu faria tudo que as meninas fazem. Não é por causa disso que o menino vai deixar de fazer, não. As crianças podem fazer tudo que a mãe manda fazer porque a nossa mamãe não fazer o que a gente faz. Ela dar compras, roupas, porque se a gente não tivesse mamãe, como a gente não vivia? Porque quem comprava roupas para a gente se vestir, se nossa mamãe não trabalhasse?

Escola 3, 2ª série, 10 anos, sexo feminino.

No discurso da aluna, está presente, tal e qual aconteceu na aula, que trabalhando em casa a criança ajudará a mãe (que seria naturalmente a responsável pelas atividades). A justificativa 1 (As crianças podem fazer o que a mãe manda) é coerente com o princípio de que "mãe é uma só" posto no texto lido pela professora. A justificativa de que a criança deve ajudar porque a mãe trabalha não foi considerada como passível de refutação na discussão em sala de aula. No entanto, a aluna decidiu justificar tal justificativa dizendo que a mãe precisa trabalhar para comprar roupas e que, se não fosse a mãe, como elas (crianças) viveriam? Mais uma vez, o discurso da mãe como indispensável pode ser salientado.

A restrição ao ponto de vista, não explícita, é construída em torno de um tema que foi discutido em sala de aula e é destacada logo na parte inicial do texto ("Se eu fosse menino eu faria tudo que as meninas fazem"). Está implícita em tal afirmação que "há pessoas que acham que isso não é trabalho de menino". Então ela deixa essa fala implícita e passa logo a refutar tal forma de pensamento por meio de um depoimento pessoal ("se eu fosse menino eu faria").

A posição da criança é clara e a possibilidade da contra-argumentação está relacionada à discussão realizada em sala de aula, pois, embora os alunos não tenham explicitado tal divergência, ela apareceu sob a forma de risos quando um dos alunos disse que lavava pratos. De modo implícito, também, a criança manifestou a não aceitação dessa postura masculina. A voz das crianças que consideravam que isso não era trabalho de menino foi abafada pela professora no momento da discussão. Ela foi, também no texto da menina, calada, mas aparece nas entrelinhas, com a afirmação de que ela, se fosse menino, não pensaria daquela forma. Ela, então, enuncia do lugar social de mulher e criança.

O último aspecto que gostaríamos de destacar diz respeito aos processos de inferenciação. Na verdade, se observássemos apenas o texto escrito pela aluna, poderíamos dizer que nele não há informações sobre o tema em discussão. Quando a aluna diz que a criança deve fazer tudo o que a mãe manda ou quando ela diz que se fosse menino faria tudo o que a menina faz, ela não delimita a que está se referindo. Ela poderia estar falando sobre deveres escolares, sobre comportamentos de forma geral. Na verdade, a aluna não introduz o tema. Essa lacuna, no entanto, pode ser facilmente preenchida pela pergunta colocada pela professora no quadro e copiada na folha pela criança. Assim, o enunciado da professora assume a função de informar sobre o tema em discussão.

Um menino de 9 anos de idade, assumindo o papel de homem, também, em seu texto, responde às divergências. O ponto de vista geral é o de que meninos e meninas devem fazer os serviços domésticos, sob a justificativa de que "os meninos fazem o que a mamãe quiser". Ou seja, o processo de justificação ocorre em razão da ideia de que a mãe tem o direito e o poder de dizer aos filhos o que eles devem fazer e que os filhos devem-lhe obediência.

Texto 18

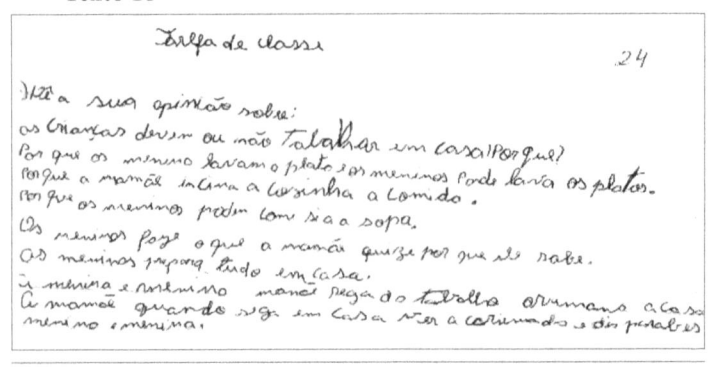

> Tarefa de classe
>
> 1º) Dê a sua opinião sobre:
> as crianças devem ou não Trabalhar em casa? Porque?
> Porque a mamãe lavam o prato e os meninos pode lava os platos.
> Por que a mamãe incina a cozinha a comida.
> Por que os meninos podem com si a a sopa.
> Os meninos fazs o que a mamãe quize por que ele sabe.
> Os meninos prepara tudo em casa.
> A menina e mimino mamãe pega do trabalho arrumans a casa
> A mamãe quando siga em casa ver a corrumado e dis parabes
> menino e menina.

Tarefa de classe
1º) Dê a sua opinião sobre: As crianças devem ou não trabalhar em casa? Por quê?
Porque as meninas lavam prato e os meninos podem levar os pratos.
Porque a mamãe ensina a cozinhar a comida.
Porque os meninos podem cozinhar a sopa.
Os meninos fazem o que a mamãe quiser, porque eles sabem.
As meninas preparam tudo em casa.
A menina e o menino. A mamãe chega do trabalho arrumando a casa.
A mamãe, quando chega em casa, vê a casa arrumada e diz: Parabéns menino e menina.

Escola 3, 2ª série, 9 anos, sexo masculino.

De outro lado, a justificativa assenta-se no princípio de que ela reconhecerá a ajuda que eles derem ("parabéns menino e menina"). Esse reconhecimento, retomando o texto lido, é importante porque, como diz a autora da reportagem, "Mãe é uma só".

O ponto de vista e as justificativas ficam claros no texto. No entanto, o aluno recupera outra discussão que assume relevância no seu discurso: as diferenças entre meninos e meninas. O texto 18 mostra as estratégias usadas por ele nesse contexto.

O menino deslocou todo o foco do texto para convencer o leitor de que os meninos já fazem os serviços domésticos. Embora ele não explicite um ponto de vista oposto ao dele, desde o início o que parece orientar a escrita é a ideia de que "alguém pode duvidar de que os meninos saibam fazer serviços domésticos". Assim, ele enumera o que os meninos sabem fazer e complementa com a informação de que o que eles não sabem (cozinhar) a mãe ensina.

Uma certa tensão aparece quando ele afirma que "as meninas preparam tudo em casa" e reafirma logo em seguida: "meninos e meninas". Essa tensão, que foi indiciada no texto lido e no discurso da professora, ocorre porque, conforme já dissemos, está em discussão um dilema socialmente relevante, que é tomado como foco central da argumentação. Talvez tal eixo se imponha pela aceitação mais universal de que "as meninas têm que ajudar em casa". Assim, o foco para negociação passa a ser a premissa de que não apenas as meninas devem trabalhar em casa, tema que realmente se apresenta como passível de contestação. A voz do oponente, portanto, revela a premissa que não parece ser aceita universalmente, mesmo que de forma implícita.

Tal como ocorreu com o texto anterior, o menino não introduziu o tema proposto. Ele começou o texto respondendo à pergunta: "Porque...". Retomamos, aqui, a ideia de que foi no contexto escolar que a interlocução ocorreu e a professora escreveu no quadro o comando geral da atividade, que foi inserida na página em que o aluno escreveu o texto. Assim, o comando da professora passou a integrar o texto, informando sobre o tema em discussão.

3ª série – escola 1

Essa escola, pertencente à Rede de Ensino do Estado de Pernambuco, situa-se na cidade de Olinda (Região Metropolitana do Recife), com turmas do Ensino Fundamental e do Ensino Médio, funcionando nos três turnos. As professoras das séries iniciais (da 1ª à 4ª) eram coordenadas por uma educadora de apoio (coordenadora pedagógica) que organizava regularmente, na escola, reuniões pedagógicas e acompanhava todas as atividades. A professora da 3ª série tinha 44 anos, era formada em Pedagogia e lecionava há 18 anos.

A turma da 3ª série era formada por 35 alunos, todos alfabéticos, com quatro deles fora de faixa. Essa professora, em conversa informal no final da aula, disse que trabalhava com diversos textos: carta, bilhete, anúncio, redação. Assim, ela parecia inserir, na prática de escrita dos alunos, situações de produção de gêneros textuais que circulam em outras esferas de interlocução e situações de escrita de gêneros mais escolares (como a redação e a história a partir de gravuras).

Nas três aulas observadas, foi evidenciada uma concepção interacionista de texto, tanto pela natureza dos comandos dados (em duas aulas, pelo menos), quanto pelas discussões que ela fazia em sala de aula, em que ressaltava a necessidade de pensar na finalidade do texto e no leitor.

Na primeira aula observada, a professora pediu a escrita de uma história, sem delimitar finalidade ou destinatário. Nas duas aulas seguintes, no entanto, ela sugeriu a produção de textos em que os alunos precisavam pensar em finalidade e destinatário: carta-convite para uma festa de aniversário (imaginária) e carta de reclamação/pedido a um vizinho para que ele parasse de jogar lixo na escola (real).

Nessa aula, a professora estimulou a construção de argumentos para o que estava sendo solicitado: "A gente vai explicar por que nós estamos pedindo isso? Porque será?", estimulando os alunos a usar diferentes estratégias para convencer o leitor. Os alunos, por exemplo, sugeriram que fossem usados exemplos para dar consistência ao argumento. Em relação à estrutura textual, de modo semelhante ao que ocorreu com a professora da 2ª série apresentada neste capítulo, houve a explicitação da necessidade de justificação, mas não de contra-argumentação.

No dia da aplicação da tarefa de produção de texto orientada pela pesquisadora, estavam presentes 29 alunos, dentre os quais quatro estavam fora da faixa etária esperada e um aluno não se identificou no texto. Ao todo, foram selecionados, para a pesquisa, 24 textos. Desses, apenas 13 foram classificados como textos de opinião (nove meninas e quatro meninos). Onze alunos escreveram outros gêneros: quatro fizeram reescrita do texto lido, quatro fizeram textos predominantemente narrativos ("história") e três fizeram redação sobre o tema, sem defesa de opinião. Perguntamo-nos por que houve tal dispersão nesse grupo.

Algumas hipóteses podem ser pensadas a esse respeito e outras não pudemos testar em razão da natureza dos nossos dados. Uma delas era quanto à frequência com que ela realizava escrita de "comentários sobre textos lidos", "redações" e "histórias". É possível que os alunos tenham utilizado tais gêneros porque eram mais acostumados a escrever essas espécies textuais e, assim, tenham adotado tais modelos para dar conta dessa nova situação.

Outra hipótese é que tenha havido algum efeito da situação imediata de produção. Pensamos a esse respeito e consideramos que era uma boa hipótese. Assim, vamos descrever essa situação.

Às 8 horas, a aula começou com a professora explicando a atividade:

– Presta atenção! Tia vai ler uma história pra vocês. Presta bem atenção, viu? Todo mundo assim oh! Abre aqui, abre bem os ouvidos. Vamos ver! Os olhos acordados, a pele, os ouvidos também. Tia vai ler uma história. Depois que tia ler essa história... Não vou falar nada agora sobre a história. Depois que tia ler essa história... Vocês vão ver que eu vou ler bem devagar. Uma vez, duas vezes, certo? Pra quem perder alguma palavrinha se ligar, depois nós vamos fazer comentários. Sabem o que é comentário?

– Sei! – diz um aluno.

Logo na explicação da atividade, percebemos uma ênfase no texto: a professora conduziu os alunos a uma atividade de escuta cuidadosa e ainda disse que eles iam comentá-lo. A professora leu a reportagem e os alunos ficaram muito atentos. No final, os alunos pediram-lhe que relesse, o que evidenciou a preocupação deles com a compreensão do texto. Após a releitura, ela voltou a explicar a atividade.

– Todo mundo entendeu a história? Agora escutem o que eu vou fazer. A segunda parte do trabalho da gente... A primeira foi a leitura de tia pra vocês ouvirem e entenderem; a segunda parte... tia não vai dizer nada. Todo mundo aqui entendeu a história e nós vamos discutir, cada um vai procurar dizer o que entendeu da história. Podem começar! Quem vai começar a dizer alguma coisa?

– A mãe dele não precisa mandar ele pra escola! – diz uma aluna.

– A mãe deles não precisa mandar eles pra escola! Muito bem.

– Eles varrem o chão – diz outro aluno.

– Eles varrem o chão – repete a professora.

– Pronto? Tem gente paradinha assim, sabe tia? – dirige-se à observadora – Com os olhinhos brilhando. Os olhinhos estão brilhando e eles não têm coragem de abrir a boca. Podem abrir a boca, dizer o que vocês acham. Não tem medo. Aqui a gente pode o quê?
– Errar! – dizem os alunos em coro.
– Bora lá, eu creio que ninguém vai errar. Terminou os comentários?
– Tia, eu posso dizer?
– Diga M!
– Eles são os donos da casa! – diz M.
– Eles são os donos da casa. Olha que coisa linda ela percebeu!
– O pai deles mora na cidade – diz outra aluna.
– Olha aqui bem alto.
– O pai deles mora numa cidade longe – repete a aluna.
– O pai deles mora numa cidade longe, no Pará – completa um aluno.

Os alunos começaram a descrever o texto, citando as atividades que os personagens da reportagem faziam. Todos os alunos participaram da discussão demonstrando que tinham localizado as informações com detalhes. Não houve, em nenhum momento, discussão sobre a posição ou intenção do autor no texto. Depois dessa longa exploração do texto, a professora perguntou:

– Agora me diz uma coisa. Vocês disseram que entenderam o texto. Vocês entenderam. Agora me digam uma coisa. O que é que vocês acham: se as crianças devem ou não trabalhar em casa?
– Devem – responderam os alunos.
– Por quê?
– Porque a mãe trabalha fora, chega cansada e tem que ver a casa arrumada – respondeu um aluno.
– Hum, muito bem! Só ele tem opinião? – perguntou a professora.

A mestra, nesse momento, tentou enfocar o tema da proposta, mas os alunos continuaram falando sobre os meninos da reportagem. Ela, então, incentivou o grupo a falar sobre o que eles faziam em casa. Os alunos falaram do que faziam para "ajudar a mãe em casa".

Algumas meninas falaram que elas ajudavam mais, porque os meninos não sabiam fazer nada. Muitos alunos falavam ao mesmo tempo. Uma aluna, de repente, demonstrou revolta e disse bem alto:

– Porque só menina tem que ajudar?
– Só menina tem que ajudar? – estranhou a professora.

Essa aluna contou que na casa dela era ela quem fazia tudo, que ela tinha um irmão de 15 anos e ele dizia que menino que ajuda em casa é bicha.

– Vocês concordam com isso?
– Não! – responderam os alunos.
– E por que garçom cozinha, faz comida, faz tudo e não é bicha? – perguntou um aluno.

A turma bateu palmas, apoiando o aluno.

– Eu disse que eles dizem! – disse a aluna.
– Olha aí! Ela não disse que é bicha. Escute, entenda o que ela está dizendo!
– Entenda pra depois falar, eu disse que eles acham, não disse que é! – defendeu-se a aluna.

A discussão começou a girar em torno desse foco. A professora interrompeu a discussão e falou da outra parte da atividade, explicando- a:

– Escutem só! Todo mundo colocou... Escutem só! Todo mundo disse, discutiu. O primeiro passo foi esse. A primeira atividade foi ouvir oh...
– O texto – responderam os alunos.
– Quem lembra do texto?
– Eles são os donos da casa – responderam os alunos.
– Eles. Eles quem?
– Nós – respondeu um aluno.
– Nós, quem?
– Crianças – responderam os alunos.
– Crianças. Eles são os donos da casa. Foi o primeiro passo da gente, não foi isso? O segundo foi qual? Foi o quê?
– Discutir o assunto – respondeu um aluno.
– Discutir o assunto, todo mundo disse o que achava, o que faz. Terceiro passo vai ser esse. Cada um... Escute só! Cada um de vocês vai pegar

uma folha do caderno e o lápis. Escutem só! O que eu vou querer de vocês agora... Prestem bem atenção! Cada um vai colocar nesse papel suas opiniões. Bem bonito. Caprichem! Porque depois esse texto vai ser lido para vocês. Alguém vai escolher alguns textos desse aqui pra ser lido em outra classe. Então capriche. Vejam só o que tia quer. Cada um vai escrever um texto, um texto ou uma história, né?! Cada um de vocês vai escrever dizendo o que cada um de vocês acha do tema pra ser lido em outra sala.

– É sobre o quê? – perguntou um aluno

– É sobre isso aí. É a opinião. São as opiniões de vocês com relação a este texto aqui: Eles são os donos da casa.

Dois comentários principais podem ser feitos sobre a condução da atividade. O primeiro é que a discussão focada no texto em si pode ter levado os alunos a se apegarem mais aos detalhes da história da reportagem do que ao tema propriamente dito, o que explicaria, em parte, a grande quantidade de alunos que produziram textos predominantemente narrativos. Além disso, a professora, em um trecho da aula, deu um comando dúbio: "Cada um vai escrever um texto, um texto ou uma história, né?! Cada um de vocês vai escrever dizendo o que cada um de vocês acha do tema pra ser lido em outra sala". Dessa forma, a dispersão dos alunos quanto ao gênero adotado para dar conta da tarefa pode ser entendida, pelo menos em parte, a partir desses elementos da situação imediata de produção.

É importante ressaltar que, dos 13 alunos que fizeram texto de opinião, 84,7% utilizaram estratégias de inserção de justificativa da justificativa e/ou contra-argumentação, evidenciando que estavam buscando convencer o leitor sobre o ponto de vista adotado. Das quatro turmas de 3ª série, os modelos textuais que integravam estratégias de inserção de justificativa da justificativa e contra-argumentação apareceram em apenas duas: essa turma (46,2%) e na turma da escola 4 (70%).

Assim como ocorreu com a outra turma sobre a qual falamos na seção anterior (2ª série), também houve aqui textos com lacunas a serem preenchidas pelos leitores. O texto 19, escrito por uma menina de 11 anos (3ª série), mostra o quanto as crianças lançaram mão de fornecer pistas para que os leitores fizessem a leitura das entrelinhas, tal e qual acontece nas interações cotidianas mediadas por textos escritos e orais.

Texto 19

Eu acho muito incrível a história que tia contou. As trigêmeas agiram certo. Eu concordo com elas e com o menino. Eu achei muito bonito uma criança que tem uma casa, que ajuda a mãe. Mas não pode, porque toda criança deveria ter um lar. Os personagens dessa história lavam louça, varrem o chão, cuidam dos meninos pequenos, os quartos bem arrumadinhos. Eu acho lindo uma coisa dessa. Ajudar os outros é como tirar um peso da nossa cabeça. Não custa nada ajudar uns aos outros. Você mesmo pode ajudar uma criança de um lar. Por isso eu concordo com o menino e com as trigêmeas. Eu arrumo a casa, eu lavo louça, eu varro o chão, eu brinco, eu faço minha tarefa da escola. Eu só faço de noite, mas eu faço minha tarefa. E eu e minha família somos felizes como são os personagens da história. Eu acho que o menino também deve arrumar a casa. Não tem coisa de bicha não, cada um tem sua tarefa, suas atividades. Por isso, os meninos têm direito de ajudar a mãe.

Escola 1, 3ª série, 11 anos, sexo feminino.

O ponto de vista não está imediatamente explicitado no texto 19. Na verdade, quando a aluna diz "eu concordo com elas", nós precisamos saber o que as trigêmeas disseram ou fizeram para que ela concordasse com elas. No decorrer do texto, as informações sobre o caso das trigêmeas (texto lido em sala) vão sendo disponibilizadas. No entanto, a forma como a criança argumenta no início do texto pode levar a supor que o tema é "ajudar ou não ajudar os outros", pois, em alguns trechos, ela fala de solidariedade em sentido amplo ("Ajudar os outros é como tirar um peso da nossa cabeça. Não custa nada ajudar uns aos outros. Você mesmo pode ajudar uma criança de um lar"). No entanto, os exemplos dados, tanto em relação ao caso das trigêmeas quanto em relação ao exemplo pessoal, ajudam a delimitar qual foi o assunto tratado. É, porém, quando a criança desenvolve a contra-argumentação que fica realmente claro o tema da discussão. Nesse momento, mesmo sem explicitar a restrição (apenas mulheres devem realizar serviços domésticos), ela refuta (dá resposta) o ponto de vista oposto dizendo: "Eu acho que o menino também deve arrumar a casa. Não tem coisa de bicha não, cada um tem sua tarefa, suas atividades. Por isso, os meninos têm direito de ajudar a mãe".

Em suma, se, de um lado, concebemos que é constitutivo dos textos incitar operações por inferenciação, como ocorre nesse texto e no anterior, de outro, podemos tentar aprofundar tal questão discutindo se, de fato, estão sendo oferecidas as pistas necessárias para que o leitor elabore tais inferências. Em relação a tal questão, Koch (2000, p. 23) salienta:

> A remissão se faz, frequentemente, não a referentes textualmente expressos, mas a conteúdos da consciência, isto é, a referentes estocados na memória dos interlocutores, que, a partir de pistas encontradas na superfície textual, são (re) ativados, via inferenciação. É o que se denomina anáfora semântica ou anáfora profunda.

Nesse texto, foram omitidas informações que não são tão facilmente recuperáveis porque faziam parte da situação imediata de produção, ou seja, os interlocutores ausentes não têm como saber qual foi o comando dado para saber qual foi o tópico específico da discussão.

Diferentemente dos textos das crianças da 2ª série que comentamos acima, não havia no texto dessa criança, nem no de outras, o comando dado para a atividade. Isso pode ter ocorrido porque a professora não fez anotações no quadro. A professora da 2ª série escreveu no quadro, mas a da 3ª série deu o comando oralmente e os alunos passaram a elaborar o texto a partir dele, sem registrá-lo no papel, talvez partindo do pressuposto de que os leitores conheciam o comando da tarefa.

Em relação ao processo de contra-argumentação, no entanto, as informações omitidas puderam ser facilmente recuperadas, porque o pressuposto implícito de que "homem que faz trabalho doméstico é homossexual" é coletivamente difundido, conforme já dissemos. Assim, as pistas dadas no texto para a elaboração das inferências são suficientes para a reconstrução do sentido.

Podemos, então, levantar que talvez a dificuldade de algumas crianças não seja a de antecipar possíveis objeções aos seus pontos de vista e lidar com "diferentes vozes" no texto, mas, sim, de decidir quais as informações que podem ser facilmente recuperáveis por meio de processos de inferenciação e aquelas que não o são.

Voltando à discussão inicial sobre as condições de produção de textos na escola, podemos retomar a ideia de que, se as crianças escrevem com frequência para os professores e colegas, é possível que não estejam preocupadas em informar sobre os comandos das atividades de produção, porque elas são de conhecimento dos leitores. Dessa forma, assumem a tarefa como um exercício escolar e, consequentemente, não se preocupam com o que sabem ou não sabem os interlocutores ausentes. O fato de a professora ter usado tanto tempo na descrição do texto, na localização de informações do texto, poderia ter conduzido esta aluna a enfocar tanto nos detalhes dos textos, tomando tais conhecimentos como conhecidos dos interlocutores. Na verdade, eles eram bem conhecidos da professora, pesquisadora e colegas de sala.

Como podemos observar, a contra-argumentação foi construída a partir do dilema centrado na obrigação, ou não, dos homens quanto à realização dos serviços domésticos. Podemos relembrar que, na situação de produção, várias crianças discutiram sobre o assunto, mas terminaram adotando o ponto de vista que os homens podem realizar tais tarefas, não havendo, no entanto, aprofundamento da questão a partir do texto lido.

No texto 20, esse tema novamente reapareceu na voz de uma menina de 10 anos.

Texto 20

> *uis meninos fica com veganha 20 03 01*
> *de dise que fai as coisa em casa*
> *eles ficão com veganha au uis*
> *menino fique magado des pessa que*
> *fase as coisa em casa ele e bicha*

Os meninos ficam com vergonha de dizer que fazem as coisas em casa. Eles ficam com vergonha que os meninos fiquem magoados. Eles pensam que fazendo as coisas, eles são bichas.

Escola 1, 3ª série, 10 anos, sexo feminino.

Uma vez que a aluna usou a expressão "eles pensam", deixou subentendido que esse não é um dado de realidade. Na verdade, ela não disse estar defendendo um ponto de vista, mas apresentou os pressupostos do ponto de vista oposto, de modo a deixar nas entrelinhas que são apenas obstáculos a serem ultrapassados pelos homens em relação ao tema abordado. O foco de reflexão dela é explicitamente a questão das relações entre homens e mulheres, e isso parece, como já dissemos, ser decorrente também dos rumos tomados pela discussão nessa sala de aula. Podemos relembrar que, nessa turma, algumas meninas disseram que na casa delas as meninas trabalhavam mais que os meninos, e a discussão passou a ser sobre esse tema, tendo o ápice no depoimento da menina de que o irmão de 15 anos diz que não faz serviços domésticos porque "homem que trabalha em casa é bicha".

Como podemos observar, o texto 20 é uma resposta a essa situação imediata. Essa atitude responsiva ilustra a posição bakhtiniana de que "os indivíduos não recebem a língua pronta para ser usada, eles penetram na corrente da comunicação verbal" (BAKHTIN, 2002; p. 108). Mais uma vez, pudemos observar que houve a consideração do ponto de vista oposto.

No entanto, nesse caso, como também ocorreu em outros textos, a preocupação parece não residir em convencer um leitor ausente. É possível que esteja implícito para essas crianças, por se tratar de uma produção feita no interior da escola e para pessoas da comunidade escolar, que não era necessário explicitar o tema da discussão ou o comando, pois esses podiam ser esclarecidos no momento da leitura do texto.

4ª série; escola 4

Na escola 4 apareceram, com maior frequência, os textos com integração de justificativa da justificativa e contra-argumentação. Essa, como já dissemos, foi a única escola particular escolhida. A clientela da escola era constituída de crianças de nível socioeconômico médio e médio-alto, de pais com alta escolarização e, segundo diziam as professoras, com grande acesso a livros, revistas, computador. As turmas eram constituídas por um número reduzido de alunos, que recebiam tratamento bastante individualizado. Os planejamentos eram compartilhados em reuniões pedagógicas, organizados por meio de temas e de projetos didáticos que envolviam toda a comunidade escolar.

Nas 3ª e 4ª séries, havia duas professoras responsáveis pelas turmas: uma professora era responsável pelas aulas de Língua Portuguesa, História e Geografia e a outra, pelo ensino de Matemática e Ciências. A professora de Língua Portuguesa tinha 31 anos, era formada em Fonoaudiologia, tinha especialização em Educação Infantil e já atuava como professora há nove anos.

A turma da 4ª série era formada por 16 alunos, com um aluno fora da faixa etária esperada (abaixo da idade prevista). Durante as observações, constatamos que as discussões eram predominantemente centradas em aspectos gramaticais, embora os comandos das atividades contemplassem finalidades, gêneros e interlocutores e os alunos demonstrassem familiaridade com os gêneros textuais propostos para produção. Na primeira aula, os alunos escreveram um texto avaliando a "Feira do Conhecimento" (texto de opinião) para ser lido (em transparência) para o grupo-classe. A finalidade era discutir sobre a atividade realizada a partir dos registros. Na última aula, eles também escreveram um texto (regras de concordância) em transparência para socialização e discussão com os colegas de sala. Na segunda aula, eles não produziram textos, pois estavam começando a ler crônicas e discutir sobre esse gênero. A finalidade, portanto, era aprender sobre o gênero para, depois, escrever textos para a feira literária. A proposta de organização do trabalho por projetos é um fato a ser destacado, porque, conforme contaram as professoras, elas sempre estavam realizando algum projeto que tinha como produto textos escritos a serem divulgados fora da sala de aula, dentre outras formas de socialização dos conhecimentos.

No dia da aplicação da atividade, estavam presentes 14 alunos. Desses, um era fora da faixa etária prevista, de modo que 13 alunos fizeram parte da amostra (nove meninos e quatro meninas). Todos os alunos presentes produziram textos de opinião e 92,3% inseriram justificativa da justificativa e/ou contra-argumentação.

A atividade de escrita foi realizada de acordo com as orientações dadas. Às 8h35, a professora apresentou o texto dizendo que era do jornal *Folha de S. Paulo* e antecipando a atividade seguinte:

> P – Eu queria que realmente todo mundo estivesse atento ao texto, tá? Depois a gente vai... A gente vai discutir um pouco sobre o tema que este texto aborda e aí em seguida nós vamos fazer a produção do texto, tá? Então...

Já no início da atividade, a professora destacou que o texto seria lido para iniciar a discussão sobre o tema, diferentemente da professora da 3ª série citada anteriormente, que disse que eles dariam a opinião sobre o texto.

A professora fez a leitura do texto e, logo em seguida, inscreveu, no quadro, os alunos que levantaram a mão para falar. Percebemos imediatamente que esse procedimento (com inscrições para fazer as intervenções) em atividades de discussão era rotineiro. Os alunos começaram comentando sobre o conteúdo do texto, recontando a história das crianças da reportagem. A professora, então, reorientou a discussão:

P– Certo! Olha só. Vocês... Agora a gente conversando... Vocês recontaram um pouco, né? Do que tinham entendido da história. Mas, o que vocês acham sobre isso?

[...]

P – Certo. T. O que é que T... O que é que você acha T.?

Al – Eu acho que... É bom... Pra... Pra... Não só pra ajudar o pai, porque quando eles também crescerem já vão ter... Eles já vão compreender. É. Eles vão ter que fazer... Estudar. É saber viver.

P – G.!

A Porque é muito bom o que tinha no texto. Que eles fazem isso porque, quando eles crescerem, vão saber fazer... É, vão fazer o dever de casa, vão fazer os trabalhos da faculdade, vão chegar cedo, vão lavar a louça, vão arrumar o quarto deles porque é assim... Tem pessoas que fazem isso agora e que se dão muito bem depois. Mas também tem pessoas que não fazem e ficam muito mau depois. Quando acontecer alguma coisa com a mãe e o pai, eles ficam assim... doentes... Eles têm que se virar. Aí eles têm que se virar, também. Aí tem gente que não consegue. Mas, tem gente que começa a praticar já cedo, aí se dá muito melhor.

P– I.

Al – Se acontecer algo, eles já estão acostumados.

P – Encerrou?

I Já.

P – V.?

V – Eu acho que tem uma boa parte que eles estão fazendo. É uma parte solidária que eles estão fazendo. Como tá falando na história, né? Porque uma pessoa não pode fazer uma coisa sozinha.

L E ajudando a mãe também é bom. Sabe por quê? Porque no futuro, se a mãe morrer cedo ou o pai, se algum familiar precisar de ajuda... Cuidam da casa. Vai ser bom porque já vai ter os familiares. Já vão tá preparados para isso. E também isso vai ser bom porque se no futuro eles precisarem dessas habilidades, eles vão ter. Porque... E também uma oportunidade para ajudarem a mãe. Porque a mãe tem o que fazer. Porque seria muito mais babaca deixar a mãe fazer tudo e, ainda por cima, trabalhar tanto como ela trabalha.

G – E a mãe chegando de noite cansada.

P – Vamos ver quem quer... Quem mais? Vamos ver quem não falou. Mais alguém ainda que não falou, pra colocar aqui?

T – Tudo isso que L. falou é bom pra desenvolver. Os pais não vivem para o resto da vida. Aí quando eles morrerem, eles não vão estar aperreado. Vão estar craque. Quando ele casar não vai ter problema.

[...].

Como podemos notar, os alunos passaram a dar opinião, mas ainda continuaram presos ao texto lido, colocando sempre nas falas a referência da reportagem. No entanto, um olhar mais cuidadoso mostra que as justificativas dadas para comentar sobre as crianças da reportagem poderiam ser generalizadas. A professora, no entanto, continuou tentando fazer com que os alunos se afastassem do texto.

> P – Deixa eu fazer uma pergunta pra vocês. Então, a gente já discutiu, né? Eu...Acho que era isso, não é? E vocês ajudam em casa?

Os alunos começaram a dizer o que faziam em casa para ajudar. Uma criança, então, disse que não ajudava em nada.

> Al – Eu ajudo!
> Al – Eu ajudo a lavar a louça!
> P – Ajuda a lavar a louça.
> Al – Eu tia.
> P – V.
> Al – Eu ajudo com minha irmã.
> P – Ajuda com sua irmã novinha.
> P – Diga G.
> G – Eu ajudo a enxugar prato, a arrumar a mesa.
> D. Tia! Eu não ajudo em nenhuma coisa.

As crianças continuaram a dizer que faziam os serviços sem considerar a fala da menina que disse que não ajudava em casa. A professora, então, destacou a fala dela, retomando-a:

> P – D. A gente nem sabe o que D. pensa, mas já sabe que ela não ajuda.

Um aluno, então, deu um outro depoimento diferente dos iniciais.

> A – É uma coisa engraçada, sabe? Porque... Um dia na semana eu ajudo minha mãe... Sinceramente... Eu fico jogando videogame no computador, aí... (O aluno estava falando, mas os outros interromperam.).
> P – Ó! Vamos ouvir o que o amigo está falando!?
> A – Eu espero quando crescer saber cozinhar, saber me virar sozinho, porque senão vou me virar um chato. Veja só que vergonha: querida eu não sei cozinhar. Porque pra mim isso é uma vergonha!

Esse aluno insere na discussão as contradições entre o que ele "diz que pensa" e o que ele de fato faz. Ele confessa que "sinceramente" fica no computador, mas que dessa forma ele vai virar um chato que não sabe fazer as coisas, como cozinhar. Outras crianças começaram a evidenciar essa tensão:

> A – Eu ajudo quando minha mãe manda, né?
> P – Ajuda quando sua mãe manda. Certo!
> A – Tem que mandar?
> A – Precisa mandar pra fazer as coisas, é?
> A – Quando vai fazer o jantar... Eu só sei fritar ovo, mesmo!
> A – Eu também, meu. Quando eu... Eu só fazia ovo lá! (Todos riem)

Essas intervenções são a evidência de que os alunos iniciaram a atividade construindo uma imagem própria de acordo com o que achavam que era a expectativa da professora. (Não podemos nos esquecer de que o texto lido trazia subjacente a posição de que as crianças devem trabalhar em casa.) No entanto, quando uma criança assume que não faz os serviços domésticos e a professora, em lugar de reprimi-la, pede aos outros que escutem, os alunos começam a explicitar as contradições.

Até esse momento, as crianças estavam defendendo a ideia de que as crianças devem fazer as atividades domésticas, mas apresentavam as contradições disso com a vivência pessoal em que elas não sabem realizar tais trabalhos. De repente, um aluno inseriu na discussão as tensões entre essa discussão e o debate sobre o papel do homem na casa. Ele começou a contar uma história em que várias crianças estavam na casa de uma tia ajudando nos serviços:

> A – O meu primo tava lavando os pratos. Aí meu tio... Aí meu tio chegou para ele e fez: Vocês estão feito mulheres! Vão pra praia que ela fica lavando. A gente pegou e foi para a praia. Rah! Rah! Rah!

Nesse momento, uma menina disse que esse aluno era machista e o outro respondeu.

> A – É assim mesmo. Machista é melhor!
> P – I. você está se contradizendo!

O primeiro aluno continuou dizendo como era a distribuição de tarefas na casa da praia:

A – Um lava o banheiro e outro arruma o quarto dele.
P – E ele faz alguma coisa? (A professora se referindo ao tio do aluno.)
A – Não. Ele só fica olhando. (Risos.)
P – É. Ele é muito sabido, né? Aí, eu não lembro quem falou, mas aí não entra a questão da solidariedade.

Com a inserção desse tema, alguns meninos começaram a relativizar a fala de que ajudam em casa. Um dos alunos disse que só ajudava em caso de doença. No fim da discussão, outro aluno levantou um contra-argumento em relação aos direitos das crianças de brincar, enfraquecendo a perspectiva anteriormente adotada. Nesse momento, ele situou a questão em relação às próprias vivências que, diferentemente das crianças das escolas públicas (já discutidas), incluíam os serviços pagos das empregadas domésticas.

A – Ô tia, eu não acho justo. Eu assim, acho justo, às vezes, os meninos ajudarem. Mas, também não. Por exemplo: tem um aniversário que é do amigo que ele gosta, que a pessoa gosta muito, que quer ir, né? Aí ela tem que ficar arrumando a casa? Tem? Tem? Que arrumar a casa? Aí podia contratar, assim, uma empregada, como eu. Porque a pessoa é... Perder uma coisa que ela tá querendo ir não se admite, porque criança não é escravo. Ela não deve ficar trabalhando. Ela, assim, deve aproveitar o tempo dela para brincar e estudar.

Após a discussão, que durou em torno de 50 minutos, a professora deu o comando da atividade, seguindo as orientações do roteiro.

Podemos supor, a partir das intervenções, que algumas contradições afloraram durante a discussão. Inicialmente, parecia que as crianças estavam assumindo passivamente a posição de que as crianças devem realizar serviços domésticos, talvez por influência do que achavam que era a posição da professora construída em razão da leitura do texto lido. No entanto, depois começaram a explicitar que essa não era a vivência delas, porque nem ao menos elas sabiam fazer os trabalhos domésticos. Nessa questão, sobressai a posição socioeconômica desses meninos que era diferente das crianças citadas na reportagem lida. A forma como algumas crianças resolveram tal contradição foi inserindo no texto o argumento citado na discussão de que assim elas estavam se preparando para o futuro (38,5% das crianças usaram essa justificativa nos textos escritos). Essa justificativa fazia com que elas defendessem o ponto de vista sem apelar para a necessidade de ajudar os pais porque eles trabalhavam fora, que foi a tônica predominante das crianças das escolas públicas.

Além disso, outra voz surgiu, no final da discussão, apontando outras tensões entre os pontos de vista. Foi incorporado no debate a temática relativa aos direitos das crianças (brincar, estudar), momento em que foi afirmado que criança não é escrava.

É interessante observar que, apesar da intervenção ter sido no final da aula, ela foi tomada como referência em vários textos escritos produzidos. Em 8 dos 13 textos de opinião (61,5%), houve referência a esse aspecto. Os textos que analisamos neste tópico são exemplos dessa decisão do leitor.

Como dissemos, houve, na amostra, de forma geral, uma homogeneização do discurso em que os alunos davam a opinião que achavam que era a esperada na escola (85,9%): as crianças devem realizar serviços domésticos. É importante, no entanto, ressaltar que as tensões citadas acima são manifestadas nos textos. Uma das marcas desse fenômeno é a presença de propostas que minimizam a ideia defendida no texto, inserindo a necessidade de pensar nos direitos das crianças ao estudo e ao lazer, relativizando, portanto, a posição adotada. Assim, as crianças sutilmente contornavam a ordem social dominante de que as crianças devem cuidar da casa.

Outro conflito que se instalou na discussão foi o das relações entre homens e mulheres, porque um aluno inseriu o tema em um relato pessoal. Ao que parece, os meninos, de um lado, estavam preocupados com a imagem deles diante da professora, que parecia defender o ponto de vista de que todas as crianças devem realizar serviços domésticos; de outro, eles se preocupavam com a imagem diante dos outros colegas que levantaram a discussão sobre o papel do homem em casa.

Percebemos, neste momento, que quando os alunos inseriram as tensões quanto aos direitos das crianças ao estudo e ao lazer, a professora, embora estivesse seguindo numa postura de concordância com a autora do texto, não se manifestou explicitamente, não demonstrou desagrado à presença desses diferentes pontos de vista. No entanto, quando os meninos se manifestaram a respeito das relações entre homens e mulheres, a professora fez intervenções, reprimindo o ponto de vista assumido: "I. você está se contradizendo" (referindo-se ao menino que manifestou uma opinião machista); "É. Ele é muito sabido, né? Aí, eu não lembro quem falou, mas, aí não entra a questão da solidariedade" (criticando comportamento do tio do menino que não fazia os trabalhos em casa). Podemos relacionar tal característica da situação a uma quase ausência de referências a esse tópico no texto dos alunos (99,1% dos textos não fizeram referência ao tema).

Nesse momento, achamos prudente citar as reflexões postas por Camps e Dolz (1995), Rubio e Arias (2002) e Souza (2003). Eles alertaram que, na escola, o professor deve orientar os alunos a assumir os valores sociais que circulam na sociedade onde estão inseridos. Rubio e Arias (2002, p. 36) afirmam que

> há temas que representam conquistas sociais que não admitiriam questionamento algum, tal é o caso da violação dos direitos humanos em todas suas formas.

Foi assumindo esse princípio que olhamos a postura da professora. No início da atividade, a professora fez a leitura do texto e conduziu a discussão, o que levou os alunos a considerar que o texto foi reconhecido pela docente como legítimo. Durante a discussão, foram aparecendo as tensões entre a posição hegemônica (as crianças devem fazer os serviços domésticos) e a vivência das crianças, como pertencentes a uma classe social diferente da classe a que pertenciam as crianças da reportagem, e entre esta tese (as crianças devem ajudar) e o debate sobre os direitos das crianças ao lazer e ao estudo. A professora conduziu toda a discussão sem se pronunciar a esse respeito. No entanto, quando foram inseridos os relatos em que apareceram vozes que "afirmavam que isso era serviço de mulheres", ela explicitamente reprimiu tais argumentos. É bastante revelador que tal tema (homem não fazer serviço doméstico) só tenha aparecido no texto de um aluno.

O texto 21 ilustra algumas das questões que levantamos acima.

Texto 21

Opiniões

1 Opinião

A criança não pode ficar trabalhando direto na nossa casa, porque a gente vai ficar fazendo coisas que não é para fazer quando é criança, como: lavar prato, lavar roupa, varrer a casa... Eu só faço isso quando a minha mãe manda, mas tem vezes que eu coloco a mesa, eu ponho a mesa, eu varro o quintal...

Mas tem vezes que a criança deve ajudar na arrumação da casa, porque quando você e sua mãe tiverem sozinhos, mas só vocês dois, sua mãe estiver doente e não poder fazer nenhum esforço, você vai? Você iria ajudar a sua mãe? Eu iria ajudar porque ela não pode fazer nada, não pode fazer nada, não pode fazer muito esforço. Então eu iria.

Nós temos que aproveitar a infância que só existe uma só vez.

Escola 4, 4ª série, 10 anos, sexo masculino.

O menino não assumiu totalmente a posição de que as crianças não devem realizar os serviços domésticos. Na verdade, ele disse que não era para a criança "ficar fazendo coisas que não é para fazer quando é criança", justificando tal tese pela afirmação de que "Nós temos que aproveitar a infância que só existe uma só vez". No entanto, ele relativizou tal ponto de vista com a proposição de que as crianças devem ajudar quando a mãe está doente, que foi a justificativa usada por uma criança após o menino inserir a questão de que "esse é trabalho de mulher", na voz de um tio. Ao que parece, ele fez uma concessão, que é restrita aos casos em que "você e sua mãe tiverem sozinhos, mas só vocês dois". Ou seja, se houvesse qualquer outra pessoa que pudesse assumir a função, ela deixaria de ser obrigação da criança. A concessão foi feita também nos casos em que a mãe manda ("Eu só faço isso quando minha mãe manda"). Podemos, aqui, relembrar que no texto o apelo é que "a mãe é uma só". Assim, o menino garante a imagem dele enquanto filho que reconhece a mãe como alguém que tem autoridade sobre ele.

Nesse texto, as concessões parecem garantir uma imagem da criança na escola que não é totalmente desaprovada pela professora, diferentemente do que aconteceria se ele assumisse que os meninos não deveriam fazer tal serviço porque esse é trabalho de mulher. No relato pessoal, no entanto, ele justifica para os colegas (também leitores do texto) que só faz os serviços quando a mãe manda ou quando ela estiver muito doente ("sem poder fazer nada, nenhum esforço") e não tiver ninguém para substituí-la.

O texto 22 também contém algumas dessas tensões presentes na discussão.

Texto 22

> Minha opinião
>
> Acho que as crianças devem ajudar os adultos a arrumar a casa, lavar prato, varrer e cuidar dos irmãos mais novos. Mas não é o dever que as crianças têm que fazer todo dia. O dever que devemos fazer todo dia é estudar e fazer as tarefas de casa e de sala.
>
> Se as crianças ajudarem, quando crescerem já serão, por um lado serão independentes e por outro elas terão que se divertir como qualquer outra criança do mundo.
>
> As crianças não podem ser exploradas como as do sertão.

Escola 4, 4ª série, 11 anos, sexo masculino.

O menino começou o texto explicitando o ponto de vista ("Acho que as crianças devem ajudar os adultos..."), que foi relativizado logo em seguida: "Mas não é o dever que as crianças têm que fazer todo dia". Nesse momento, ele apresentou um ponto de vista oposto ao que ela defendia: "O dever que devemos fazer todo dia é estudar e fazer as tarefas de casa e de sala". No parágrafo seguinte, o aluno inseriu uma justificativa ao ponto de vista que explicitou no início do texto ("Se as crianças ajudarem, quando crescerem já serão, por um lado serão independentes"). Ele não refutou tal justificativa, que foi retomada da discussão, e inseriu duas justificativas ao ponto de vista de que as crianças não devem fazer os serviços domésticos, que também estavam presentes na discussão em sala de aula: "elas terão que se divertir como qualquer outra criança do mundo"; "As crianças não podem ser exploradas como as do sertão".

O texto, visto de forma integral, conduz o leitor ao ponto de vista de que "as crianças podem ajudar, mas não todos os dias", que é a concessão que o menino faz, agradando, assim, aos vários interlocutores que lerão o texto, pois cuidou de inserir as justificativas de vários colegas presentes na discussão de sala de aula. As vozes dos colegas apareceram no texto e, com certeza, poderiam ser reconhecidas por qualquer leitor que tivesse presenciado a situação de produção. Resta-nos questionar quanto aos interlocutores ausentes. Será que as outras crianças da escola seriam convencidas do ponto de vista defendido nesses dois textos?

Um destaque que podemos fazer nos dois textos é o de que, de modo similar aos textos anteriores, as crianças não se preocuparam em introduzir o tema, passando diretamente para a apresentação do ponto de vista, como se o leitor já estivesse participando da situação e tivesse conhecimentos sobre o tema do debate. Na realidade, é possível, nos dois textos, recuperar esse tema e inferir as articulações entre as justificativas. Para quem conheceu a situação de produção, no entanto, é possível recuperar tensões entre as posições que não apareceram no texto. Colocamos a hipótese de que as crianças tomaram os leitores presentes na situação de escrita como privilegiados na situação.

No texto 6, essa hipótese ficou mais clara pela proposição final que retomou a discussão do trabalho infantil citado por um aluno (exploração das crianças no sertão), sem relacionar com a questão proposta (serviços domésticos). O leitor que não conheceu a situação de produção não tem elementos para fazer tais articulações. Retomamos, assim, a discussão anterior referente às possíveis dificuldades de calcular as informações que podem ser omitidas no texto. Mais uma vez, supomos que tal questão esteja relacionada à construção das representações dos destinatários, que, na escola, são múltiplos e, em geral, restritos a esse contexto. Aprender a lidar com essa multiplicidade pode ser um dos desafios que a criança enfrenta e que nem sempre é bem-sucedida.

Conclusões

No Capítulo 6, mostramos que o modo como nós, professores, conduzimos as atividades em sala de aula influencia, sobremaneira, as estratégias de escrita que nossos alunos utilizam.

Neste capítulo, buscamos defender que não apenas o que fazemos no dia em que realizamos determinada tarefa de produção de textos provoca reações nos alunos, mas o modo como cotidianamente conduzimos nosso trabalho de ensinar a escrever.

Evidenciamos, também, que não são apenas condutas gerais que interferem na aprendizagem e respostas dos alunos, mas pequenas ações durante a aula, dizeres nossos sobre o tema sobre o qual eles escrevem ou, até mesmo, reações que apresentamos às falas deles sobre o assunto em pauta.

Assim, temos como um dos objetivos nesta obra evidenciar a delicadeza e a complexidade que é conduzir o processo pedagógico e, especialmente, o ensino de produção de textos.

No capítulo final, é sobre essa dimensão que trataremos ao realizarmos a síntese de nosso trabalho.

Final de conversa! Por enquanto...

Temos de nos despedir. Assim, a conversa terá de ser suspensa para continuarmos em outra hora. Para que não "fique no ar" nossa intenção ao escrevermos este livro, decidimos fazer uma síntese, ainda que provisória, sobre o que pensamos sobre o ensino da argumentação nos anos iniciais do ensino fundamental.

Mostramos, evidenciando por meio da avaliação de textos de várias crianças, que desde muito cedo nossos alunos são capazes de argumentar, seja oralmente, seja por meio de textos escritos. Deleitamo-nos com os textos produzidos, encontrando neles estratégias de apresentação dos pontos de vista, de justificação e de diálogo com o leitor mediante a inserção de contra-argumentação.

No entanto, apontamos indícios de que, embora as crianças sejam potencialmente capazes de elaborar estratégias diversificadas para defender seus pontos de vista, é na escola que elas mais podem refletir sobre tais estratégias e desenvolver outras que sejam adequadas às variadas finalidades que guiam nossas atividades de elaborar textos.

Muitas evidências de que as estratégias argumentativas das crianças são construídas a partir da forma como elas concebem o contexto escolar de produção foram apresentadas. Consideramos, assim, que é possível e desejável começar a ensinar os alunos a produzir textos da ordem do argumentar desde cedo.

De outro lado, defendemos que esse ensino deve ser feito a partir de uma concepção sociointeracionista de linguagem. Foi levando às últimas consequências a concepção de que quando escrevemos estamos agindo para atender a uma finalidade e destinatários representados que tentamos mostrar que, mesmo quando o texto do aluno parece desconexo e incoerente, ele está tentando atender às expectativas que ele imagina que aqueles que serão leitores do seu texto têm.

Assim, temos a clareza de que precisamos colaborar com os alunos, fazendo um esforço para entender os textos, mesmo que aparentemente sejam incoerentes. No entanto, queremos que eles desenvolvam capacidades que tornem os seus textos cada vez mais claros para os que leem e que possam tomar decisões sobre os recursos a serem utilizados e sobre a estrutura organizacional que adotarão em cada situação.

Nesta obra, relatamos um estudo em que evidenciamos que as professoras que desenvolviam atividades de produção de textos diversificadas quanto às finalidades e destinatários e refletiam sobre as situações de escrita e sobre os gêneros textuais a serem produzidos conduziam atividades que levavam os alunos a pensar em como convencer outras pessoas sobre o que estavam pensando. Decisivamente, foram nessas turmas que encontramos os textos mais consistentes quanto à apresentação e encadeamento dos argumentos.

Assim, consideramos fundamental que atentemos para essas questões no momento de planejar nossa intervenção didática que se destina ao ensino da complexa tarefa de produzir textos.

Discutimos, ainda, que não apenas essas questões gerais precisam ser pensadas pelos professores, mas também os detalhes de cada atividade, pois, como comprovamos nos Capítulos 6 e 7, o contexto imediato de produção exerce influências marcantes sobre as crianças no momento da escrita. Várias marcas do contexto imediato foram encontradas nos textos dos estudantes. Detalhes como a forma como damos o comando, as orientações que são dadas durante a escrita do texto, a forma como conduzimos os debates em sala de aula, a natureza dos textos que levamos para ler é decisiva para as escolhas que os alunos fazem, tanto em relação ao conteúdo quanto à organização do texto.

Por fim, queremos destacar que há muito ainda a discutir para melhorarmos cada vez mais nossa atuação pedagógica. Um ponto a ser ressaltado é que os alunos que avaliamos escreviam os textos com muitas informações implícitas.

Em relação a tal questão, adotamos o pressuposto de que a indução do leitor aos processos inferenciais é uma estratégia legítima e que os textos que circulam socialmente são, geralmente, lacunares, pois oferecem pistas aos leitores, conduzindo-os, por meio da inferenciação, para o ponto de vista que defendem.

No entanto, muitos textos dos alunos deixavam nas entrelinhas informações que só estariam acessíveis para aqueles que estiveram na situação de escrita. Ou seja, as pessoas que não estavam presentes na situação de escrita não conseguiriam entender o que eles queriam dizer, pois os textos continham muitas informações de entrelinhas que exigiam do leitor conhecimentos prévios sobre a situação de escrita e sobre o texto lido anteriormente.

Assim, levantamos que uma possível dificuldade de algumas crianças seria a de calcular as informações que poderiam ou não poderiam ser omitidas, o que implica uma adequada representação sobre os destinatários. Exemplificamos essa dificuldade: referência a participantes da discussão e ao texto, sem explicitação de suas posições; introdução de argumentos sem articulá-los aos pontos de vista, deixando o leitor sem condições de reconstruir o sentido do texto; falta de introdução do tema.

Em relação a tal aspecto, sugerimos que a explicação possa ser buscada nos tipos de intervenção de produção de textos que ocorrem na escola. Muito raramente os alunos escrevem para interlocutores que não pertencem à comunidade escolar. Rojo (1999) atenta que, no espaço escolar da sala de aula, a criança se aproxima das esferas públicas de interação social, mas mantém-se numa esfera restrita, em geral, ao grupo-classe, incluído(a) aí o(a) professor(a). Seria esse caráter público-privado que favoreceria, na visão da autora, o surgimento das formas composicionais intermediárias (entre primário e secundário). Consequentemente, os mecanismos de ancoragens que remetem à relação de implicação, nas quais as atividades discursivas se desenvolvem em interação constante e explícita com a situação material, fazendo referências aos interlocutores presentes na situação, a lugares imediatos da situação e ao momento preciso seriam frequentes.

Não estamos, porém, negando que esse contexto é, de fato, peculiar e que os professores e colegas sejam interlocutores privilegiados. Os professores, realmente, são interlocutores (legítimos) dos textos dos alunos, uma vez que, como já dissemos, na escola, as atividades de escrita têm sempre finalidade didática, mesmo que a ela possam ser adicionadas outras finalidades. No entanto, essa peculiaridade cria um problema para o produtor do texto, pois o professor conhece, assim como os colegas de sala (interlocutores frequentemente escolhidos pelos professores), os comandos dados e as posições a respeito do tema sobre o qual se fala. Assim, mesmo quando o professor propõe a escrita para um interlocutor ausente, ele é interlocutor e o aluno precisa partir das representações sobre o que o professor espera que ele diga naquela situação. Dessa forma, o aluno aprende que, na escola, ele escreve para o professor "como se" estivesse escrevendo para o outro (interlocutor imaginário ou real). Essa tarefa é muito complexa e nem sempre os estudantes entram facilmente nesse jogo. Propomos, então, que esse tema seja tomado como objeto de atenção.

Tal fato, no entanto, não nos impede que tentar criar situações escolares cada vez mais aproximadas das situações extraescolares, em que os alunos possam também escrever para interlocutores ausentes, para dar conta de finalidades diversificadas, pois só assim eles poderão ampliar suas capacidades e fortalecer as estratégias discursivas que sejam mais adequadas às suas próprias finalidades.

Referências

ABAURRE, M. B.; MAYRINK-SABINSON, M. L. T.; FIAD, R. S. Considerações sobre a diferenciação de gêneros discursivos na escrita infantil. *In*: ROCHA, Gladys; VAL, Maria da Graça C. *Reflexões sobre práticas escolares de produção de textos*: o sujeito-autor. Belo Horizonte: Autêntica, 2003.

ALMEIDA, E. G. *A escrita argumentativa*: avaliação de um programa de ensino com alunos das 2ª e 4ª séries. 2003. Dissertação (Mestrado em Psicologia) Universidade Federal de Pernambuco, Recife, 2003.

ANDRIESSEN, J.; COIRIER, P.; ROOS, L.; PASSERAULT, J.-M.; BERTERBOUL, A. Thematic and structural planning in constrained argumentative text production. *In:* RIJLAARSDAM, G.; BERGH, H.; COUZIJN, M. (Ed.) *Theories, models and methodology: current trends in research on writing*. Amsterdam: Amsterdam University Press, 1996.

BAKHTIN, M. *Estética da criação verbal*. 3. ed. Tradução de Maria Ermantina Galvão. São Paulo: Martins Fontes, 2000 (1953 1. ed.)

BAKHTIN, M. *Marxismo e filosofia da linguagem*: problemas fundamentais do método sociológico na ciência da linguagem. 9. ed. São Paulo: Hucitec, 2002 (1929 1. ed.).

BANKS-LEITE, L. Aspectos argumentativos e polifônicos da linguagem da criança em idade pré-escolar. 1996. Tese (Doutorado) Universidade de Campinas/IEL, Campinas, 1996.

BARROS, K. S. M. Redação escolar: produção textual de um gênero comunicativo? *Leitura*: teoria e prática, Porto Alegre: ALB; Mercado Aberto, v. 18, n. 34, 13-22, 1999.

BEZERRA, M. A. Textos: seleção variada e atual. *In:* DIONÍSIO, A. P.; BEZERRA, M. A. *O livro didático de português*: múltiplos olhares. Rio de Janeiro: Lucerna, 2001.

BILLIG, M. *Arguing and thinking*: a rhetorical approach to social psychology. Cambridge: Cambridge University Press, 1991.

BLAIR, J. A.; JOHNSON, R. Argumentation as dialectical. *Argumentation*, n. 1, p. 41-56, 1987.

BOISSINOT, A.; LASSERRE, M. M. *Techniques du Français*: lire-argumenter-rédiger. Paris: Bertrand-Lacoste, 1989.

BRASIL. Ministério de Educação e Cultura (MEC). *Parâmetros curriculares nacionais*. Brasília: MEC, 1997.

BRASIL. Ministério de Educação e Cultura (MEC). *Guia de livros didáticos*: 1ª a 4ª séries. Brasília: PNLD/MEC, 1998.

BRASSART, D. Explicatif, argumentatif, desriptif, narratif et quelques autres, notes de travail, *Recherches,* n. 13, p. 21-59, 1990.

BRASSART, D. Une approch psycolinguinstique et didactique des textes argumentatifs écrits por des éleves de 8 à 13 ans. *Enjeux*, n. 19, p. 107-134, 1990a.

BRASSART, D. Le développement des capacités discursives chez l'enfant de 8 a 12 ans: le discours argumentatif. *Revue Francaise de Pédagogie,* n. 90, p. 31-41, 1990b.

BRETON, P. *A argumentação na comunicação.* Tradução de Viviane Ribeiro. Bauru, SP: EDUSC, 1999.

BRONCKART, J. P. *Atividade de linguagem, textos e discursos*: por um interacionismo sociodiscursivo. Tradução de Anna Rachel Machado, Péricles Cunha. São Paulo: EDUC, 1999.

BRUNER, J. *Atos de significação.* Tradução de Sandra Costa. Porto Alegre: Artes Médicas, 1997.

CALIL, E. Os efeitos da intervenção do professor no texto do aluno. *Leitura*: teoria e prática. Porto Alegre: ALB; Mercado Aberto, v. 19, n. 36. p. 53-57, 2000.

CAMARAGIBE, S. E. *Proposta curricular*: 1ª a 4ª séries. Camaragibe: Prefeitura Municipal de Camaragibe, 2000.

CAMPS, A.; DOLZ, J. Enseñar a argumentar: un desafío para la escuela actual. *Comunicación, Lenguaje y Educación*, n. 25, p. 5-7, 1995.

CITELLI, A. *Linguagem e persuasão.* 15. ed. São Paulo: Ática, 2000.

CLARK, R.A.; DELIA, J. G. The development of functional persuasive skills in childhood and early adolescence. *Child Development*, n. 78, p. 1.008-1.014, 1976.

COIRIER, P. Composing argumentative texts: cognitive and/or textual complexity. *In*: RIJLAARSDAM, G.; VAN DER BERGH, H.; COUZIJN, M. (Ed.). *Current trends in researche on writing*: theories, models, and methodology. Amsterdam: Amsterdam University Press, 1996.

COSTA, T. C. O encaminhamento do texto argumentativo na escola: constituição de sujeitos ou assujeitamento de indivíduos? *Línguas e Literatura*, v. 1, n. 2, p. 105-114, 2000.

DE BERNARDI, B.; ANTOLINI, E. Structural differences in the production of written arguments. *Argumentation*, v. 10, n. 2, p. 175-196, 1996.

DOLZ, J. Produire des textes pour miex comprendre: l'enseignerment du disucours argumentatif. *In:* REUTER (Ed.). *Les interactions lecture*: ecriture, Berne: Peter Lang, p. 219-242, 1994.

DOLZ, J. Learning argumentative capacities: a study of the effects of a systematic and intensive teaching of argumentative discourse in 11/12 years old children. *Argumentation*, v. 10, n. 2, p. 227-251, 1996.

DOLZ, J.; SCHNEUWLY, B. Genres et progression en expression orde et écrite: éléments de réflexions à propos d'une experiénce romande. *Enjeux*, n. 37-38, p. 31-49, 1996.

DUCROT, O. *Les échelles argumentatives*. Paris: Minuit, 1980.

EISENBERG, A. R.; GARVEY, C. Children's use of verbal strategies in resolving conflicts. *Discourse Processes*, v. 4, p. 149-170, 1981.

EVANGELISTA, A. A. M.; Carvalho, G. T.; LEAL, L. V. F.; VAL, M. G. C.; STARLING, M. H. A. R.; MARINHO, M. Professor leitor, aluno autor: reflexões sobre a avaliação do texto escolar. *Cadernos Ceale*, Ano II, v. III, 1998.

FÁVERO, L. Eles são os donos da casa. *Folha de S. Paulo*, 9 maio 1999, Folhinha, p. 4.

GARCIA, O. G. *Comunicação em prosa moderna*. 9. ed. Rio de Janeiro: Fundação Getúlio Vargas, 1981.

GENISHI, C.; DI PAOLO, M. Learning though argument in a preschool. *In*: WILKINSON, I. C. (Ed.). *Communicating in the classroom*. Ney York: Academic Press, 1982.

GOLDER, C. *Lé développement des discours argumentative*. Paris, Delachaux et Niestlé, 1996.

GOLDER, C.; COIRIER, P. Argumentative text writing: developmental trends. *Discourse Processes*, v. 18, p. 187-219, 1994.

GOLDER, C.; COIRIER, P. The production and recognition of typological argumentative text markers. *Argumentation*, n. 10, p. 271-282, 1996.

GUIMARÃES, E. *Texto e argumentação*: um estudo de conjunções do português. 2. ed. Campinas, SP: Pontes, 2001.

KOCH, I. *Argumentação e linguagem*. São Paulo: Cortez, 1987.

KOCH, I. *O texto e a construção dos sentidos*. São Paulo: Contexto, 2000..

LAGOS, P. N. La construcción de textos argumentativos escritos en lo inicios de la adolescencia de jóvenes chilenos. *In*: PARODI, G. *Discurso, cognición y educación*. Chile: Ediciones Universitarias de Valparaíso, 1999.

LEAL, L. F. V. A formação do produtor de texto escrito na escola: uma análise das relações entre os processos interlocutivos e os processos de ensino. *In*: ROCHA, Gladys; VAL, Maria da Graça C. *Reflexões sobre práticas escolares de produção de textos*: o sujeito-autor. Belo Horizonte: Autêntica, 2003.

LEAL, T. F. Produção de textos nas escolas: a argumentação em textos escritos por crianças. 2003. Tese (Doutorado em Psicologia) Universidade Federal de Pernambuco, Recife, 2003.

LEAL, T. F.; GUIMARÃES, G. L.; SANTOS, R. C. A. O que os alunos escrevem na escola? *In*: *Anais do 14º Congresso de Leitura do Brasil*. Campinas: 22-25 de julho de 2003. No prelo. CD-ROM.

LEITÃO, S.; ALMEIDA, E. G. S. A produção de contra-argumentos na escrita infantil. *Psicologia*: reflexão e crítica, v. 13, n. 3, p. 1-19, 2000. Disponível em www.scielo.

LEITE, S. A. S.; VALLIM, A. M. C. O desenvolvimento do texto dissertativo em crianças da 4ª série. *Cadernos de Pesquisa*, v. 109, p. 173-200. São Paulo, 2000.

LOPES, S. F. Dissertar: uma perspectiva possível na alfabetização. 1998. Monografia (Finaliz de Curso de Especialização) FPE/Centro de Educação da Universidade Federal de Pernambuco, Recife, 1998.

MARCHAND, E. *Le développement des competences textuelles et argumentatives de 11 a 17 ans*. Memoire de Recherche de DEA, Université de Poitiers, Laboratoire de Langage et Communication, 1993.

MATTOZO, R. M. A. Produção de ideias e textualização na escrita argumentativa: um estudo exploratório. 1998. Dissertação (Mestrado em Psicologia) Universidade Federal de Pernambuco, Recife, 1998.

MAZZOTTI, T. B.; OLIVEIRA, R. J. A retórica das teorias pedagógicas: uma introdução ao estudo da argumentação. *In*: 22ª REUNIÃO ANUAL DA ASSOCIAÇÃO NACIONAL DE PESQUISA E PÓS-GRADUAÇÃO EM EDUCAÇÃO: minicurso. Caxambu: ANPED, 1999.

MILLER, M. Argumentation and cognition. *In*: HICKMANN, M. (Ed.). *Social and functional approaches to language and thought*. San Diego, CA: Academic Press, 1987.

MILLER, M. Culture and collective argumentation. *Argumentation*, n. 1, p. 127-154, 1987b.

MIRANDA, M. M. A. A produção de texto na perspectiva da teoria da enunciação. *Presença Pedagógica*, n. 1, p. 18-29, 1995.

MOCELIN, G. R.; LEAL, T. F.; GUIMARÃES, G. L. A diversidade textual em sala de aula. *Anais do 13º Congresso de Leitura do Brasil.* Campinas SP: ALB, 2003. CD-ROM.

MORENO, S. S. La argumentación como problema en la composición escrita de estudiantes de formación docente. *Lectura y Vida*, p. 26-37, 2001.

ORLANDI, E. P. *Discurso e leitura.* 3. ed. São Paulo: Cortez, 1996.

ORLANDI, E. P. e Guimarães. Texto, leitura e redação. *In*: SÃO PAULO (Estado). Secretaria de Educação, Coordenadoria de Estudos e Normas Pedagógicas de São Paulo. *Texto, leitura e redação.* São Paulo: Secretaria de Educação, Coordenadoria de Estudos e Normas Pedagógicas de São Paulo, 1985. v. III.

ORSOLINI, M. Dwarfs do not shoot: in analysis of children's justifications. *Cognition and Instruction*, n. 11, p. 281-297, 1994.

OOSTDAM, R.; GLOPPER, K.; EITING, M. H. Argumentation in written discourse: secondary school students' writing problems. *In*: VAN EEMEREN F. H.; GROOTENDORST, R. (Ed.). *Studies in pragma-dialects.* Amsterdam: Sec. Sat., 1994.

PÉCORA, A. *Problemas de redação.* 5. ed. São Paulo: Martins Fontes, 1999.

PERELMAN, F. Textos argumentativos: su producción en el aula. *Lectura y Vida,* p. 32-48, 2001.

PERELMAN, C.; OLBRECHSTS-TYTECA, L. [1958]. *Tratado da argumentação*: a nova retórica. Tradução de Maria Emantina Galvão. São Paulo: Martins Fontes, 1999.

PERERA, K. *Children's writing and reading.* Oxford: Basil Blackwell, 1984.

PIÉRAUT-LE BONNIEC, G.; VALETTE, M. The development of argumentative discourse. *In*: PIÉRAUT-LE BONNIEC, G.; DOLITSKY, M. (Ed.). *Language bases and discourse base.* Amsterdam: John Benjamins Publishing Company, 1991.

PLATÃO, F.; FIORIN, J. L. *Para entender o texto*: leitura e redação. São Paulo: Ática, 1990.

POSSENTI, S. *Teoria do discurso*: um caso de múltiplas rupturas. Texto didático entregue em curso ministrado no Mestrado em Linguística da Universidade Federal de Pernambuco, 2003.

RECIFE. Prefeitura da Cidade do Recife. *Tecendo a proposta pedagógica*: língua portuguesa. Recife: Prefeitura da Cidade do RECIFE; Secretaria de Educação e Cultura, 1996.

RODRIGUES, R. H. O artigo jornalístico e o ensino da produção escrita. *In:* Rojo, R. (Org.) *A prática de linguagem em sala de aula*: praticando os PCNs. São Paulo: EDUC; Mercado de Letras. 207-220, 2000.

ROJO, R. H. R. Interação em sala de aula e gêneros escolares do discurso: um enfoque enunciativo. *In*: *Anais do II Congresso Nacional da ABRALIN*. Florianópolis, ABRALIN. CD-ROM, 1999.

ROJO, R. H. R. Revisitando a produção de textos na escola. *In*: ROCHA, Gladys; VAL, Maria da Graça C. *Reflexões sobre práticas escolares de produção de textos*: o sujeito-autor. Belo Horizonte: Autêntica, 2003.

ROSENBLAT, E. Critérios para a construção de uma sequência didática no ensino dos discursos argumentativos. *In:* ROJO, R. (Org.). *A prática de linguagem em sala de aula*: praticando os PCNs. São Paulo: EDUC; Mercado de Letras, 2000. p. 185-205.

ROUSSEY, J. Y.; GOMBERT, A. Improving argumentative writing skills: effect of two types of aids. *Argumentation*, v. 10, n. 2, p. 283-300, 1996.

RUBIO, M.; ARIAS, V. Una secuencia didáctica para la argumentación escrita en el Tercer Ciclo. *Lectura e Vida*, p. 34-43, 2002.

SANTOS, S. L. A construção de argumentos no quotidiano. *In*: DIAS, M. G.; SPINILLO, A. G. (Org.). *Tópicos em psicologia cognitiva*. Recife: Editora Universitária da UFPE, 1996.

SANTOS, S. L. O desenvolvimento da escrita argumentativa. *Arquivos Brasileiros de Psicologia*, v. 49, n. 3, p. 23-42, 1997.

SCHNEUWLY, B. *Le language écrit chez l'enfant*: la production des textes informatifs et argumentatifs. Neuchâtel: Delachaux et Niestlé, 1988.

SCHNEUWLY, B.; DOLZ, J. Os gêneros escolares: das práticas de linguagem aos objetos de ensino. *Revista Brasileira de Educação ANPED*, n. 11, p. 5-16, 1999.

SILVA, I. P. O. A escrita na escola: exercício escolar ou interação verbal? *In: Anais do 12º Congresso de Leitura do Brasil*. Campinas: Associação de Leitura do Brasil, 1999.

SOARES, M. *Português através de textos*. Coleção de livros didáticos para 5ª a 8ª séries. São Paulo: Moderna, 1999a.

SOUZA, L. V. *As proezas das crianças em textos de opinião.* Campinas/SP: Mercado de Letras, 2003.

TOULMIN, S. E. *The uses of argument.* Cambridge: Cambridge University Press, 1958.

TRAVAGLIA, L. C. *Gramática e interação*: uma proposta para o ensino de gramática do 1° e 2° graus. São Paulo: Cortez, 1996.

VAL, M. G. C.; BARROS, L. F. P. Receitas e regras de jogo: a construção de textos injuntivos por crianças em fase de alfabetização. *In*: ROCHA, Gladys; VAL, Maria da Graça C. *Reflexões sobre práticas escolares de produção de textos*: o sujeito-autor. Belo Horizonte: Autêntica, 2003.

VAN EEMEREN, F. H.; GROOTENDORST, R.; JACKSON, S.; JACOBS, S. Argumentation. *In*: VAN DIJK, T. *Discourse as structure and process discourse studies*: a multidisciplinary introduction. London: SAGE Publications. 1997. v. 1.

VASCONCELOS, S. B. A. O desenvolvimento de habilidades argumentativas na escrita infantil. 1998. Dissertação (Mestrado em Psicologia) Universidade Federal de Pernambuco, Recife, 1998.

VOGT, C. *O intervalo semântico.* São Paulo: Ática, 1977.

WEISS, D. M.; SACHS, L. Persuasive strategies used by preschool children. *Discourse Processes,* n. 14, p. 55-72, 1991.

WERTSCH, J. V. *Voices of the mind*: a sociocultural approache to mediated action. Cambridge, Massachusetts: Harvard University Press, 1991..

Este livro foi composto com tipografia Times New Roman e impresso em papel Off set 75 g/m² na Formato Artes Gráficas.